教育叙事的
力量

李 雅◎著

JIAOYU XUSHI DE
LILIANG

暨南大学出版社
JINAN UNIVERSITY PRESS

中国·广州

图书在版编目（CIP）数据

教育叙事的力量/李雅著 . —广州：暨南大学出版社，2021. 11
（2023. 12 重印）
ISBN 978 – 7 – 5668 – 3220 – 7

Ⅰ . ①教… Ⅱ . ①李… Ⅲ . ①教育工作 Ⅳ . ①G4

中国版本图书馆 CIP 数据核字（2021）第 172587 号

教育叙事的力量
JIAOYU XUSHI DE LILIANG
著　者：李　雅

···

出 版 人：阳　翼
策划编辑：杜小陆　黄　颖
责任编辑：林　琼
责任校对：周海燕　刘小雯
责任印制：周一丹　郑玉婷

出版发行：暨南大学出版社（511443）
电　　话：总编室（8620）37332601
　　　　　营销部（8620）37332680　37332681　37332682　37332683
传　　真：（8620）37332660（办公室）　37332684（营销部）
网　　址：http：//www. jnupress. com
排　　版：广州良弓广告有限公司
印　　刷：佛山市浩文彩色印刷有限公司
开　　本：787mm×960mm　1/16
印　　张：13. 25
字　　数：200 千
版　　次：2021 年 11 月第 1 版
印　　次：2023 年 12 月第 3 次
定　　价：49. 80 元

序

　　李雅老师是一位有着深厚的教育情怀和执着的教育理想追求的教育实践者，她拥有丰富的基础教育教学经验和先进的教育教学理念，来到高校仅一年多，不仅迅速适应了高校教育教学的特点，还结合自身的研究和经验，开发并承担了"教育叙事和教学案例写作"这门课程。现在准备出版她的教育叙事作品集《教育叙事的力量》，她请我给她写个序。一开始我是拒绝的，理由很简单，我对教育叙事既没有专门研究，也没有实践——不仅是不会写，更是不敢写。但李雅老师很信任我，也给了我很大的鼓励。尤其是翻开李雅老师《教育叙事的力量》这本书后，我更是不自觉地就沉迷于她那涓涓流淌的文字中，书中记录的一个个生动的小故事、一幕幕鲜活的教育场景、一位位亲切的小人物，都拨动着我的心！这也让我重新审视和学习教育叙事，并深深地感受到了教育叙事的魅力和价值。

　　1996 年，金生鈜教授在其学术论文《教育学的合法性与价值关涉——对元教育学的反思》中，从哲学的角度把"（教育）叙事"作为一个重要的命题引入我国教育研究与实践的范畴。自此，教育叙事或作为一种教育研究方法，或作为一种思维方式，或作为教师专业发展的一种存在方式，引起了我国教育理论研究者及教学一线教师极大的关注。虽然学界对教育叙事的定义不一，但教育叙事作为教师专业成长的重要方式其特点是鲜明的。

　　首先，教育叙事是教育实践者对自身教育教学经验生活的叙事。美国著名心理学家波斯纳在归纳优秀教师的成长路径时给出了一个数理公式：经验＋反思＝专业发展。什么是经验，词典的解释是，由实践得来的知识或技能。应该说，"经验"至少包括两个要点，一是个体自身的生活经历和体验，二是个体有意识的生活经历和体验。基于此，教育叙事应该首先是教育实践者自身的经历和体验，而非间接的经验、他人的体验；之所以说是有意识的生活经历和体验，是因为这种生活经历和体验是主动的、有目的的、有理念的或有思想的。教师的叙事，本质上是教师叙述自己的教育生活经验；而这种生活经验的叙述又绝不是简单地用文字复制生活，而是把自身实践中有思想、有价值的东西通过故事的形式表现出来；教育叙事必然遵循教育实践者的内心——他的教育思想、教育理念、价值判断，也必然打上了教育实践者的情感烙印，包括他的喜怒哀乐爱憎。李雅老师的教育叙事都发表在她的个人公众号上，她说自己这些文章不怕被抄袭，因为别人无法复制。确实如此，李雅老师的这些教育叙事作品写的是她在个人的教育教学实践中发生的事情，是她在教育工作中与学生沟通、交流的教育故事。通过这些教育故事，我们看到李雅老师不一样的教育人生：以文育人，坚持写作教育叙事来指导、激励职中班的学生，用教育叙事来促使原本落后的班集体发生华丽的蜕变；积极参与"翻转课堂"教学改革，把学生当作教学的主体，让学生在课堂上"动"起来，想方设法提高职中班的语文教学水平；亦师亦友，用学生容易接受的方式引领他们走向美好的未来；积极向上，锐意进取，在提升学生的同时也提升了自己，把学生送进大学深造的同时也把自己推上了高校的讲台。独特的故事背后是独特的人生和独特的情怀，因为独特，这些教育叙事就具有了可读性和研究价值。

其次，教育叙事作为一种研究方式，目的是提升教师自身的专业发展水平。教育叙事的存在不是为了"他研"，即教育叙事不是用来被研究的，而是在于"自用"，即教师自身的实践与应用，以促进教师自身的专业发展。教育叙事研究在于"重述和重写那些能够导致觉醒和变迁的教师和学生的故事，以引起教师实践的变革"，以此贡献于教师专业发展，也借此肯定以叙事方式所蕴含的教育经验重构的意义。[①] 教育叙事所叙之事应该是发生在校园内、教室里、教学中、课堂上……它反映

---

① 丁钢. 教育经验的理论方式 [J]. 教育研究，2003（2）：24.

教师与学生相互影响下的生命成长中的点点滴滴。基于这一点，叙述就是研究，教育叙事则是对这些教育事件的研究。

教育叙事作为一种研究方法，它的长处就在于在教师讲述自己生活经验的过程中，教师改变了以往在教育研究中被动的地位，教师不再是外在于教育研究的研究对象，而是一个真正面向自己教育实践的、积极主动的思考者和研究者。教师直面自己的教育事实，通过讲述故事的方式，从亲身经历的教育生活经验中梳理、寻找自己的教育故事，并对其咀嚼、回味和反思，在整理思维的过程中，获得思想升华，从而达到一种豁然开朗的境界。教师通过叙事直达内心，所有的概念、原理、规则都隐藏在所叙之事的背后，让事实来说话，让人的思想通过叙事显现出来。"当教师不直接谈论教育理论，只反思教育生活中发生的教育事件时，教师的教育理论常常蕴含其中，而且这些教育理论已经不是一般意义上的理论。它已经转化为教师的教育信念。"① 这才是教育叙事的价值所在。在和李雅老师的交流中，她多次提到了教育叙事的价值与力量。李老师在自序中这样说："我用教育叙事的形式记录学生成长的脚印和一个个精彩的瞬间，也用教育叙事反思自己的教育教学工作。我发现，教育叙事具有意想不到的力量。五年来，我写的教育叙事改变了我的学生，改变了我所带的班级，也改变了我的人生轨迹。"

再次，作为一种研究方式，教育叙事最能体现教育作为人文学科的本质。20 世纪 90 年代，语文教育界有位韩军先生在他的《限制科学主义，张扬人文精神——关于中国现代语文教学的思考》一文中，提出了语文教育应该弘扬"人文精神"，在语文教育界中引发了"工具性"与"人文性"的大讨论。其实，不仅是语文教育，教育本身就是一门人文学科，人文精神是教育的内核。什么是人文精神？那就是对人作为主体的关怀，维护人性尊严，尊重人的本质、个性、利益、需求及多种创造和发展的可能性；就是反对暴力与扼杀，反对禁锢与歧视。曾经，无论是教育还是教育研究，都不自觉陷入了科学主义的怪圈而不能自拔：规

---

① 刘良华. 校本教学研究 [M]. 成都：四川教育出版社，2003：139.

律异化为程序，方法窄化为技术，精神具化为功利，实践简化为操作，教育过程成为生产流水线，学生成为没有生命的产品……教育学领域里的科学主义，遗忘了教育与人的丰富性与复杂性，遗忘了教育学作为人文学科的叙事知识的特性，或者说它仅仅抽取事实而遗忘了教育中的人，这种教育我们称为"无人的教育"。"无人的教育是怎样的？笼统地讲，是重事实而轻价值，重科学而轻人文，重书本而轻行动，重理性而轻情感，重控制而轻关怀。"① 李雅老师的教育是"有人的教育"，这在她的 81 篇教育叙事中得到充分的体现。这本教育叙事集篇篇有人、处处有人，收录在本书的 81 篇教育叙事写了 100 多位学生，真实地记录下他们的学习生活和成长足迹。李雅老师作为学生成长的引路人，她的笔触始终追随着教育教学中的人——学生。在李雅老师的教育叙事中，我们可以看到，她的教育重视价值、重视人文、重视行动，温暖的文字中充满了她对学生深厚的情感和深切的关怀。这样"有人"的教育，反映到写作中来，使得她的教育叙事成为"有人"的教育叙事。因为"有人"，李雅老师的这本教育叙事集就有了它独特的价值。

有人曾这样比喻："教育就是一棵树摇动一棵树，一朵云推动一朵云，一个灵魂唤醒另一个灵魂。"一方面，世界上没有完全相同的两棵树，天地间也不可能有完全静止的两片云，人类更不可能有完全相同的两颗心；另一方面，教育本质上是教师与学生灵魂（智慧、思想、价值观与情感）相互影响的过程，假如师生之间的影响只是知识与技能的影响，那么智能机器人完全可以取代教师。正是这种差异性、主观性和不确定性构成了教育的本质——模仿、学习、传授、影响、实践……也正是这种差异性、主观性和不确定性构成了教育的多样性、丰富性和生动性——教育是作家笔下没有结局的故事，而非程序设计员键盘里的程序。研究者以教育为研究对象创作教育叙事，就应该饱含对教育和学生的关怀之情。"研究就是一种关注的行为：我们想知道什么是生存最基本的东西，关注就是关心我们所爱的人，与之分享我们的一切，我们渴

---

① 金生鈜. 教育学的合法性与价值关涉：对元教育学的反思［J］. 华东师范大学学报（教育科学版），1996（4）：12.

望真正了解我们所爱的人。"① 由于对这些教育事件的叙述与研究，教师或学生的生命才被人们或师生自身关注，教师才得以与他人分享那些自己或学生生命深处宝贵的珍藏。从李雅老师的教育叙事中，我们可以看到个性迥异的学生、丰富多彩的教育，更能看到李雅老师如何作为一棵树去摇动无数棵树，如何作为一朵云去推动无数朵云，如何用自己的灵魂去唤醒无数个灵魂……

李雅老师关爱学生，心中始终装有学生，她用自己的教育叙事伴随学生发展、引领学生进步。陈加驰勇于担当，李老师写下《(10) 班有个陈加驰》表扬他；副班长李星宇敢于碰硬、敢于负责，李老师写下《变成了男子汉》为他点赞；实习生在教育实习中表现出色，李老师写下《让学生"动"起来》《激情朗读，收获热烈掌声》《从容淡定，初现老师范儿》《除了满意，还有感动》《"后浪"来了》《被吸引住了》《莫卓凡的课堂》《一节好课的背后》等为他们喝彩。学生畏惧困难，李老师写下《困难是用来克服的》鼓励他们努力克服困难；学生晚自习老是迟到，还找各种理由为自己开脱，李老师写下《方法总比问题多》为他们提供解决问题的方法；学生冲动之下动手打架，李老师写下《冲动是魔鬼》教育他们。实习生不及时清理垃圾、缺少感恩表现，李老师写下《办公室里的垃圾》和《你说感谢了吗?》批评教育他们；实习生顾此失彼，难以兼顾实习、考研准备与毕业论文写作，李老师写下《学会统筹》指导他们。

正是这种坚持不懈的摇动、推动与唤醒，使树木茁壮成长，使云朵绽放异彩，使灵魂变得干净纯洁，这就是教育叙事的魅力，这就是教育叙事的力量!

最后，教育叙事作为一种研究方式，其表现形式是自由而严肃的。之所以说是自由，即其叙事的形式是自由的，或长或短，或自传或小说，或夹叙或夹议。毫无疑问，"小叙事"最能体现叙事的自由。后现代主义代表人物利奥塔批判了普遍适用的"宏大叙事"或"元叙事"，提倡适用于有限范围的"小叙事"，认为以小叙事为人类生活编织出意

① 范梅南. 生活体验研究：人文科学视野中的教育学 [M]. 宋广文，等译. 北京：教育科学出版社，2003：7.

义，并促进小叙事的繁荣，是后现代主义的任务之一。"小叙事"的这种自由更有利于叙事研究者"从外在世界返归内在世界，从公共生活返归个人生活，从工具理性返归价值理性"①。李雅老师的 81 篇教育叙事就是这种"小叙事"。之所以说严肃，一方面，如前所说，教育事关学生的成长，事关学生的生命历程，其影响是深远的，从这个意义上说，任何教育小事都是人生大事，任何教育事件都应该是严肃的。另一方面，还因为教育叙事写作是严谨的，所叙之事必须是教师对生活经验的"过滤"，而这种"过滤"必然也是一个自发、自觉到自由的过程；在形式上，这种叙事最初可能是随心的甚至碎片化的，但这并不排除"现场经验文本"向"研究文本"的凝练与升华。这样定义的教育叙事，或者说教育叙事作为一种"小叙事"，更能被教育实践者——教育教学一线的教师所接受（在此并不是说教育叙事不能是"大叙事"）。从《教育叙事的力量》中的人物来看，每一篇文章中涉及的人物不多，一般为三五个，单一人物的情况比较普遍。从对事件发展过程的叙述来看，一般比较简明，主要包括事件的开始、经过和结果。没有惊天动地，没有轰轰烈烈，写的只是校园里一件件平凡的小事，但是教育无小事——这些小事可以影响学生、改变学生，这些小事连着学生的人生，连着教育的未来！

百年大计，教育为本；教育大计，教师为本。要造就党和人民满意的高素质、专业化、创新型教师队伍，在着力加强教师立德树人的能力的同时，还必须大力提升教师的教学研究能力。苏霍姆林斯基说："如果你想让教师的劳动能够给教师带来乐趣，不致使天天上课变成一种单调乏味的义务，那就要引导每个教师走上从事研究这条幸福的道路上来。"真心希望教育叙事能让我们教师的发展更加有力量，让我们教师的劳动充满幸福感。

岭南师范学院　周立群

2021 年 3 月 2 日

---

① 郑金洲，程亮. 中国教育学研究的发展趋向［J］. 教育研究，2005（11）：6.

自 序

最近几年，我用教育叙事的形式记录学生成长的脚印和一个个精彩的瞬间，也用教育叙事反思自己的教育教学工作。我发现，教育叙事具有意想不到的力量。五年来，我写的教育叙事改变了我的学生，改变了我所带的班级，也改变了我的人生轨迹。

一、一篇教育叙事改变了一个学生

李茂冲，我在湛江市爱周高中执教时遇到的一个学生，我最早的那篇教育叙事就是因他而写。2015 年，我在开展"翻转课堂"教学改革的过程中，写了自己教学生涯中的第一篇教育叙事《李茂冲——他被"翻转课堂"唤醒，被唤醒的还有他的理想》。

这篇教育叙事全文是这样的：

李茂冲在高二时上课经常睡觉，几乎每节课我都要从讲台上下去提醒他。每次他都抬起头来，揉揉眼睛，可是当我转身回到讲台后他又趴在课桌上睡着了。我允许他去洗洗脸、提提神，但是效果并不好，所以在高二这一年中，李茂冲上课睡觉就成为我的一个难题。

自从开展"翻转课堂"教学后，李茂冲渐渐不在课堂上睡觉了。刚开始那段时间，他几乎每节课都抢着去抄题，后来又不再满足于抄题了，他尝试着上台给大家讲解题目。慢慢地，他越讲越好。"翻转课堂"把他整个人都改变了，他不再整天昏昏欲睡、萎靡不振，而是变得有精神、有信心了，还憧憬起自己美好的未来。有一天，我和他聊天，他对我说："李老师，用不了五年，我开车来接您去玩。"他说这话时，脸上写满憧憬和认真。

"翻转课堂"唤醒了李茂冲，也唤醒了他心中沉睡的理想。

由于不爱学习，李茂冲已经有很长时间没有得到老师的表扬了，我在这篇教育叙事中记录了他的改变，肯定了他的进步。这篇不到400字的教育叙事在学生中传阅，让李茂冲兴奋不已，也让周围的同学对李茂冲刮目相看。他激动地对我说："老师，没想到您会看得起我，还把我写进文章里表扬！谢谢老师！我会好好学习，不辜负老师的期望！"此后，李茂冲真的变成一个认真学习、追求进步的学生。高中毕业后，李茂冲到广州的水果行业中寻求发展，还当了店长。如今的他阳光自信，生意兴隆，事业有成，令人欣慰。李茂冲一直与我保持联系，他多次提起我写文章表扬他的那件事。

之后，我还写了《不用羡慕别人》来讲述李茂冲的同班同学李光耀的故事。

在我们爱周高中，相比职中班的学生，普中班的学生基础更好，学习积极性更高，考上好大学的希望更大。我曾经非常羡慕教普中班的老师，认为教普中班更能实现自己作为一名老师的价值。

上个学年，我教2016届职中班高三（6）班，有一段时间这个班的学生学习有所松懈，与普中班学生勤奋学习的状况有较大的反差。有一天我带着高三（6）班的班长和几位同学到对面普中班去看看，想让他们向普中班同学学习。去了之后我发现教学楼南北两边的学习状态真是天差地别，教学楼南面普中班的教室里，学习氛围浓厚得令我羡慕。回到高三（6）班，我忍不住对学生说："我好羡慕别的老师能教这样的班级！"这时一个学生说："老师，不用羡慕别人！"说这话的同学有一个响亮的名字——李光耀。李光耀基础不好，学习信心不足，学习积极性不高，升学没有多少希望。我常常想，他不努力学习，无法考上好大学，将来该怎么办？但他似乎不以为意，无忧无虑，整天都笑眯眯的。

毕业前夕，李光耀写下《我的家乡》一文。文章写得很有感情：

"家乡每家每户或多或少都种上了芒果或青枣。现在，种青枣的人越来越多了。有时销路不畅，价格也会跌落。当价格跌落到最低时，甚至到没人要的时候，村里的人都会非常心痛，吃不香也睡不着。那种绝望的心情导致他们甚至不想再去管理农作物。因为这些水果一年才结一次果，错过了这一次只能等下一年才有收获了。"文章的最后表达了他以后要通过互联网卖水果的愿望："我要把家乡的芒果和青枣卖到全世界。"

李光耀没有考上人们心目中的理想大学，他去广州一所学校读了汽车修理专业。他一边读书，一边像他在《我的家乡》一文中所写的那样，开始利用互联网推销家乡覃斗镇的芒果和青枣，我经常在朋友圈里看到他发的"又有一单"的好消息。

去年青枣收获时节，我收到光耀寄来的甘甜的青枣。昨天，我又收到光耀寄来的一箱台农芒果。我发短信问他今年芒果的销售情况怎样，他回复我："今年的台芒比去年的贵很多。"

我的学生李光耀虽然考不上"985""211"高校，但是他这样努力下去，我相信总有一天，他会把自己家乡的芒果和青枣卖到全世界。我为自己有这样的学生而感到高兴和自豪！

作为一名老师，有像李光耀这样的学生，我还需要羡慕别人吗？

从写《不用羡慕别人》到现在，每年只要到了收获的季节，我总能收到李光耀快递过来的青枣和芒果。不管是看到李光耀在朋友圈中发的"又有一单"的好消息，还是收到李光耀快递过来的水果，我总会想起《不用羡慕别人》那篇教育叙事。

《李茂冲——他被"翻转课堂"唤醒，被唤醒的还有他的理想》让李茂冲重新审视自己，变得积极向上，锐意进取；《不用羡慕别人》让李光耀大受鼓舞，之后他投入更多的时间和精力去推销家乡的芒果和青枣。在李茂冲和李光耀的身上，我看到了教育叙事的力量：原来一篇教育叙事可以让一个学生发生重大的改变！

随着岗位的变化，现在我的教育对象变成了大学生。我相信一篇教育叙事能够改变一个学生，也期待继续收获这样的惊喜，所以，走进高校之后，我继续把学生作为写作对象，继续写着教育叙事。事实正如我所期待的那样，我的教育叙事继续影响着学生。经常有学生说我的某一篇教育叙事给了他（她）积极的影响，让他（她）有了很大的改变，每当这种时刻，我心中总是充满喜悦。

一篇教育叙事能够改变一个学生，这是一种怎样的力量！教育叙事所具有的能够改变学生，促使他们不断进步的力量，成为我继续写作的动力。

二、几十篇教育叙事促使一个班级发生蜕变

2018 年 7 月我担任爱周高中 2019 届职中班高三（10）班的班主任。高三（10）班的学生基础不好，刚开始，班里学风不好，纪律涣散，不少同学缺乏自觉性和吃苦精神，他们既不想刻苦学习文化课，迎接高职高考，也没有分流出去实习和工作。

为了改变现状，我采取了各种各样的方法，其中一个重要的方法是写班主任手记。在担任高三（10）班班主任期间，我有意识地把写班主任手记作为一项重要的工作。刚开学没几天，我就写下第一篇班主任手记《不再假装不知道》，接下来便一发不可收。我用写班主任手记打造出自己心目中理想的班集体。

在教育叙事《榜样就在身边》中，我写了从无心向学蜕变为学霸的邓元锋，写了热爱生命、渴望知识的叶明超，号召大家向这些身边的榜样学习。

我印象中胆小怕事的李星宇，自从当上班干部之后，便敢于负责，敢于碰硬，在协助老师管理班级的过程中蜕变为一个真正的男子汉。我为他写下了《变成了男子汉》这篇教育叙事。

高三（10）班的八位女同学个个学习自觉，表现出色，我写下教育叙事《响鼓不用重槌敲》，为她们点赞，为她们喝彩。

有同学因为家境贫穷而自卑，甚至不敢让父母到学校里来。为了让这些同学走出认知误区，我写下了教育叙事《贫穷可以是一笔财富》，

表扬韩梦园同学坦然面对贫穷的家境，利用假期打工减轻家庭负担的做法，号召大家向阳光乐观、懂得感恩的韩梦园同学学习。

两位男同学因为一言不合，上课的时候打起架来，为了教育他们，也为了告诫其他同学，我连夜写下了《冲动是魔鬼》。

高职高考后，有同学因为考得不好，心情不佳，我写下《输了高考，却赢得了人生》，用自己的亲身经历告诉学生：一个人即使输了高考，仍然可以通过努力赢得人生！

工作中，我还用教育叙事架起学生和家长沟通的桥梁。

爱周高中提倡学生在学习的过程中使用手机查阅资料，用手机接收老师发送的学习资料，可是有一位家长却没收了孩子的手机，导致这位学生学习很不方便。我多次与家长进行沟通，家长一直不肯把手机交给孩子，原因是这位家长担心孩子用手机和男同学谈恋爱。为了消除这位家长的顾虑，我写下《谈的未必就是恋爱》这篇教育叙事。在文中，我这样写道：

这位家长的做法有点极端，但她的担心在家长中却普遍存在。不少中学生的家长一见孩子和异性走得比较近，多说了几句话，就紧张起来，担心孩子是在谈恋爱。其实，这种担心在很多时候是多余的。男女同学年龄相仿、经历相似，在同一个班集体中学习，有相同的老师和同学，有相同的学习内容，他们可以谈的话题有很多，他们可以谈老师、谈同学、谈语文、谈数学、谈英语、谈理想、谈未来……只要我们深入了解，就不难发现很多男女同学虽然无所不谈，但是他们谈的未必就是恋爱。作为家长和老师，我们不用禁止男女同学之间的正常交流，只需要引导他们暂时不要谈恋爱，告诫他们在交往的过程中把控好自己，不要越界，不要踩踏红线。

写完后，我把《谈的未必就是恋爱》发到家长群，还单独发给了这位家长看。这位家长看了这篇教育叙事之后，终于同意把手机还给孩子了。

为了让学生在成长的过程中得到家长的肯定，我写下《不要吝啬对孩子的赞赏》，这篇教育叙事让很多学生获得家长的及时肯定。

我发现有学生偷偷用家长的微信为自己请假，为了杜绝此类情况，我写下《学生为什么会欺骗家长和老师》，与家长交流、探讨，进而查明原因，齐抓共管，共同做好学生的思想工作，引导他们正确认识欺骗家长和老师的危害性和严重性，自觉做一个诚实的人。

我写下一篇又一篇班主任手记，记录了一个又一个学生。通过班主任手记这种特殊的方式，记录下高三（10）班学生成长过程中的一串串足印、一个个精彩的瞬间，以及一次又一次华丽的蜕变。

我在班主任手记里，有对学生的批评，更有对学生的点赞和喝彩；有对学生恨铁不成钢的恼怒，更有对学生的殷切期盼和由衷感谢。

我的批评、点赞与喝彩，我的恼怒、期盼与感谢，都化作高三（10）班学生前进的动力，大家都因此有了长足的进步，最终整个班集体发生了巨大的改变——学风扭转、纪律严明，学生的学习热情高涨，学习成绩获得较大提高。正是这个大家都不怎么看好的职中班，在2019年的"3＋证书"高职高考中取得了意想不到的好成绩，绝大多数学生的高考成绩超过大学录取分数线，其中有5名学生上了本科线。

这一出人意料的成绩，让学生、家长、老师和校领导都非常高兴，也一度引起大家的热议：是什么让这个原本并不被大家看好的班级取得这么可喜的成绩？原因是多方面的，其中我所写的50多篇班主任手记功不可没。

三、五年多的教育叙事写作改变了我的人生轨迹

教育叙事让我获得更多的理解、认可和支持。

每个人都需要自我肯定、自我表扬，但要讲究方式，太张扬容易被别人排斥，所以在自我肯定、自我表扬时，要巧妙一点、含蓄一点、自然一点。一个老师撰写教育叙事，很多时候就是在讲自己工作中真实的教育故事。用讲故事的形式来肯定自己、表扬自己，可以让自我肯定、

自我表扬变得巧妙、含蓄和自然。

我经常这样做：通过教育叙事肯定自己——肯定自己对教育的热爱，肯定自己的教育艺术、教育智慧……

《"好友"真好》写自己从小处入手，建立良好的师生关系。

《抓住契机》写自己见缝插针，抓住契机，激发学生的写作兴趣。

…………

最近几年，我一直用教育叙事这种形式来宣传自己的教学理念和教学方法。我的自我肯定、自我表扬能够被学生、家长、老师和校领导接受，为我做好教育教学工作打下了坚实的基础。

教育叙事让我获得更多的发展机会，并走上更大的发展舞台。

几乎每个老师都希望自己的教育理念、教育实践能得到学生、家长、同行和外界的理解和肯定。俗话说："酒香不怕巷子深。"事实证明，酒香也怕巷子深，酒香也要勤吆喝。尽管老师努力了、做好了，也还是需要自我宣传的。老师写作教育叙事，记录自己如何有艺术又富有成效地开展课堂教学和班主任工作，这实际上是在宣传自己科学的教学理念和有效的工作方法。

因为写作教育叙事，我的努力、我对教学工作的思考逐渐为外界所知。我因此有了更多的发展机会，走上了更大的发展舞台。2019 年 3 月，我被湛江市教育局聘请为湛江市教育局兼职教研员。2019 年 9 月，我被调到岭南师范学院文学与传媒学院担任中学语文教学法的教学工作。鉴于我一直坚持写作教育叙事，2020 年文传学院安排我上"教育叙事和教学案例写作"这门课程。

教育叙事让我遇见了一个更好的自己。

我坚持用教育叙事记录自己在教育工作过程中的所做、所思、所悟，这个坚持让我有了出乎意料的收获。教育叙事使我从一个满足于课堂教学的老师变成了思考型、研究型的老师。我坚持写作教育叙事，写着写着，把自己写成了市里的兼职教研员；写着写着，把自己写上了高校的讲台；写着写着，把自己写成了"教育叙事和教学案例写作"课程的授课老师。

回读这些年自己所写的教育叙事，我看到了一个乐于思考、不断反思的我，一个与时俱进、不断前行的我，一个锐意进取、收获满满的我。

教育叙事就是这么富有力量！它能够改变你的学生、改变你所带的班级，还能够改变你的人生轨迹，让你遇见一个更好的自己！

李　雅

2021 年 2 月

前　言

2015 年，我看到叶澜教授的这样一句话："一个教师写一辈子教案，不一定会成为名师；如果一个教师能写三年反思，就有可能成为名师。"受这句话的启发，我在 2015 年开始了教育写作，主要是关于教育叙事方面的内容。写了几年教育叙事，我虽然没有成为名师，但收获却不少。

在开始写作和分享教育叙事一段时间之后，我发现教育叙事对教育教学工作能够起到很好的促进作用。学生有了精彩的表现，如果老师只是对他们做口头上的表扬，过不了多久，大家都忘记了，学生本人也忘记了。但是如果老师能及时把学生的精彩表现记录下来，那么，这些瞬间就会被定格在文字里，成为激励学生不断进步的恒久动力。意识到这点后，我非常注意观察学生，随时捕捉他们的每一个精彩的瞬间并及时记录下来。我常常把学生的精彩表现定格在文字里，给予热情的点赞。也许学生的某个精彩表现只是一时的、偶然的，但一旦被记录下来，那么这个表现就很有可能变成该学生经常性的行为，变成一种习惯。

老师的教育叙事写作能够把学生的精彩表现变成他们的习惯，这个发现让我很惊喜。此后，我开始用教育叙事来推进教育教学工作，并尝试将之用于引领学生健康成长。

在担任爱周高中 2019 届高三（10）班班主任期间，我写下了《不再假装不知道》《（10）班有个陈加驰》《榜样就在身边》《变成了男子汉》《真棒》《我需要你的帮助》等多篇教育叙事，最终促使这个班集体发生了华丽的蜕变。

为了推进语文教学尤其是"翻转课堂"教学，我写下大量与课堂教学有关的教育叙事，如《"翻转"的花儿慢慢开》《掌声响起来》

《我来讲》《"我来讲"效应》等，这些教育叙事真实地记录下学生在课堂中的出色表现。我把这些教育叙事发到班群和我的个人公众号上，让学生的精彩表现广为人知，学生因此备受鼓舞，学习积极性也更加高涨了。

2019年我被调进高校任教，每年我都要负责几十名乃至上百名实习生的带队指导工作。为了做好教育实习工作，在学生实习期间，我都会写下大量与教育实习有关的教育叙事。这些教育叙事对教育实习工作起到了较好的指导和引领作用。

在一篇篇的教育叙事中，我不厌其烦地详细记录下学生一个个精彩的瞬间，描绘他们一串串成长的脚印。我希望被记录的学生能从中受到鼓舞，同时希望其他学生甚至被记录学生的师弟师妹们也能从中受益。事实证明，教育叙事是具有力量的，很多时候，它不仅能够影响和改变被记录的学生，也能影响和改变他们的同学甚至师弟师妹们！教育叙事的这种力量成为我坚持写作教育叙事的动力。为了使更多学生从中得到收获，这几年来我坚持写作教育叙事，这种坚持让我在5年多的时间里收获了200多篇教育叙事作品，这本集子只选录了其中的81篇。

感谢暨南大学出版社给我这样一个宝贵的机会，让我的教育叙事得以结集出版。《教育叙事的力量》一书由三个部分组成，即"教育叙事促使班级蜕变""教育叙事助力语文教学""教育叙事引领教育实习"，分别讲述了我在开展班主任工作、语文教学工作和实习教育工作过程中与学生之间发生的真实故事。

过去几年写作教育叙事是为了推进自己的教育教学工作，现在出版教育叙事是为了更好地与教育界的同行进行交流。在尝试用教育叙事来推进教育教学工作，引领学生健康成长的过程中，我常常有这样的困惑：怎样写才能更好地发挥教育叙事的作用？我希望《教育叙事的力量》出版以后，自己能有更多的机会与关注教育叙事、写作教育叙事的人士进行切磋交流。

在出版《教育叙事的力量》的过程中，我得到来自各方的帮助。感谢暨南大学出版社圆了我将教育叙事结集成书的梦！感谢杜小陆主任和黄颖老师一路的指引与支持，感谢责编林琼的辛勤付出！感谢周立群教授为本书作序，感谢李斌辉教授、梁哲校长以及郑建忠校长的点评！

《教育叙事的力量》全书所写的都是真人真事。在成书的过程中，我与书中提到的 100 多名学生取得联系，征得他们同意之后，选入了 81 篇与他们有关的教育叙事。没有学生的大力支持，《教育叙事的力量》难以成书，感谢书中的每一位学生！

在成书的过程中，不少学生和友人帮助我校对文稿，还提出很多宝贵意见。在此，对王小韵、潘泽珠、吴诗莹、刘畅、沈锚莹、赵东梅、杨钰滢等同学和黄英荣女士一并致以感谢！

李　雅

2021 年 2 月

目 录
CONTENTS

第二辑　教育叙事助力语文教学　/ 65

第三辑 教育叙事引领教育实习 / 117

第一辑

教育叙事促使班级蜕变

在担任爱周高中 2019 届高三（10）班班主任期间，我为这个班写下了几十篇教育叙事。这几十篇教育叙事，是高三（10）班同学的青春之歌，也是他们的蜕变之歌。

这是一群有爱心的孩子，值得我为他们操心和付出！

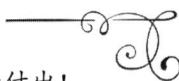

不再假装不知道

与往届职中班不同，2019 届职中班的同学在 2019 年 1 月份就要参加 "3 + 证书" 高职高考了，考试时间提前了好几个月。时间紧，任务重，为了让同学们早日进入备考状态，从放暑假那天开始，我就在班级的微信群里发了一些高考复习资料给同学们学习，有语文基础知识方面的，也有作文方面的。班里的女同学都积极响应，她们对语文基础知识进行查漏补缺，每天还坚持抄录课外文章发给我看。可是很奇怪，班群里没有一个男同学吭声，好像不知道有这么一回事一样。我既是他们的语文老师，也是他们的班主任，可是，我布置学习任务后，他们居然不做任何回应。男同学的这种表现让我不解，更让我失望！

有一天，我与骆丁丁同学用微信聊天时问道："我们（10）班的男同学平时都不看班群信息吗？"

骆丁丁回复说："您在群里发个红包就知道他们有没有看班群了。老师，我这是开玩笑。男同学玩心很重的，一般您说学习的话题他们都不爱出声，要是说玩啊什么的，他们倒挺活跃的。"

原来如此！他们不是不知道，而是在看到老师布置的学习任务时，假装不知道！

7 月 20 日，我得知（10）班有一位同学患重病要做大手术，医疗费要十几万元。这位同学家在农村，家庭经济比较困难。我想发动大家给这位同学捐一点钱，给他送去温暖和战胜疾病的信心。

我问骆丁丁："我们班的同学要做大手术，我们是不是应该捐一点钱给他呢？多少都是心意。"

"李老师，假期很难组织起捐款的，不想捐的同学都当作没看见信息。"丁丁这样回复我。

虽说有这种可能，但我觉得我们班的同学身处困境，作为他的老师和同学，大家应该为他做点什么。于是 21 日上午，我在班群里发了一条信息简单讲了患病同学的情况，并提醒同学们："让我们一起祝福他渡过难关，早日康复!"这条信息马上引起同学们的关注，包括一直"潜水"的男同学在内，很多同学在班群里发了祝福患病同学早日康复的信息。

22 日上午，我"@所有人"，向同学们发起捐款倡议，我的倡议得到了同学们的积极响应。一些在班群里一直处于"潜水"状态的同学，一改平时的"假装不知道"，纷纷出来给患病的同学捐款。

截至 23 日下午 4：09，全班有 31 位同学参与了捐款。我以为应该没有人捐款了，就把这 31 位同学和老师家长们的捐款一共 2 302 元转交给患病同学的家长。

没想到，此后仍不断有同学把爱心红包发到班群里。截至今天，同学和老师家长们一共给患病同学捐了 2 947 元。在这次捐款活动期间，全班除了两位不在班群里的同学外，所有同学都参与了捐款，没有一个同学当"潜水员"。有的同学因为在外地打假期工，工资未拿到手，捐款迟了一点，还为此而感到内疚。有一个同学在发来的爱心红包上写着："迟来的祝福，早日康复!"

高三（10）班的男同学在学习方面是懒了一点，老师在班群里布置学习任务时，他们会假装不知道。可是，当自己的同学遇到困难时，他们不再假装不知道，而是纷纷伸出援手，表达爱心! 此举让我很是感动，也改变了我对他们的看法。

这是一群有爱心的孩子，值得我为他们操心和付出!

（2018 年 7 月 30 日）

"我来!""我们组来!"一个集体需要更多这样的声音,一个班级需要更多像陈加驰这样的同学。

(10) 班有个陈加驰

今天上午到班里上课,看到教室的地板上有纸屑。我说:"今天星期五应该是第五组的同学扫地,怎么没有搞清洁呢?"第五组的同学说:"星期三是第三组,星期四是第四组,他们都没有扫,为什么要我们扫呢?"

我想起来了,星期三、星期四的时候台风"贝碧嘉"来袭,那两天放假,所以没有搞清洁。

开学的第一节班会课上,同学们集体商量决定,以小组为单位,按顺序打扫教育的卫生:星期一是第一组,星期二是第二组……以此类推,今天是星期五,应该由第五组搞清洁,但是由于第三、四组没有搞清洁,所以第五组也不肯搞清洁了。考虑到如果今天让第三组或者第四组补搞清洁,排列顺序就会打乱,于是我就和第五组的同学商量:"第三、四组的清洁因为台风假影响就免了,今天是星期五,就由你们来扫地吧。"

"这不公平!"其中一个同学说,其他同学也跟着附和。见第五组同学不乐意,我对劳动委员说:"要不今天你就和其他几位班干部把清洁搞了,明天星期六,第六组接着搞,这样顺序就不会乱了。"劳动委员说:"但这会坏了规定的,轮到谁扫就该谁扫!"劳动委员说的也有道理。

第五组的同学说,第三、四组没搞清洁,他们也不搞清洁,而第三、四组却没人吭声说要补搞清洁。哪一组都不肯扫地。见此情形,我说:"不就是搞一次清洁嘛,怎么都推来推去的呢?"

　　我刚说完，就听到有个人大声说："我们组来！"说话的是第三组的陈加驰。

　　"好！一个集体中就需要陈加驰这样的人！"我表扬了他。

　　下课后，陈加驰带领他们组的同学三下五除二，几分钟就把地板打扫干净了。

　　陈加驰已经不是第一次这样大力支持我的工作了。开学的时候，负责考勤的班干部因为某种原因提出不做考勤登记工作了。因为登记考勤既烦琐又容易得罪人，大多数班干部都有点抗拒这项工作，暂时没有人肯接手。找不到合适的人来登记考勤，有些同学就趁机迟到早退，甚至缺勤，所以得尽快安排班干部登记考勤。有一天，我找几个班干部来商量分工，说到登记考勤时没有人吭声，大家纷纷摇头。我有点着急，忍不住说道："这可怎么办呢？这可怎么办呢？"

　　这时，站在一旁的陈加驰说："老师，我来做考勤登记吧！"

　　我喜出望外："好！你就当纪律委员负责登记考勤吧。"

　　"没问题！"陈加驰爽快地答应了。

　　后来考虑到陈加驰是走读生，我只安排他负责下午跑操的考勤登记。陈加驰没有登记考勤之前，高三（10）班没有多少同学去跑操。而高三年级各班的跑操人数常常公布在高三教师群里，这些数字对我这个班主任来说是不小的压力。不过，这种情况在陈加驰当上跑操考勤员之后就发生了改变，班里跑操的人数不再落后于其他班。

　　"我来！""我们组来！"一个集体需要更多这样的声音，一个班级需要更多像陈加驰这样的同学。

（2018 年 8 月 17 日）

过了一段时间，我再去查看学生的自习情况的时候，不再说"李雅来了"，因为他们都在埋头学习，我怕打扰到他们。

李雅来了！

上午第四节课上课铃响后大约 10 分钟，我悄悄地出现在教室门口——我来查看学生自习课的表现。

我发现，教室里除了少数几个同学在认真学习外，大多数同学都在做着与学习无关的事情：有埋头看手机的，有睡觉的，有在说笑的……

没有人注意到我的到来。过了一会儿，一位女同学抬头看见了站在门口的我，她小声地说："李雅来了！"教室里一下子安静下来，睡觉和埋头看手机的同学也都抬起头来。我走到讲台上，看了看刚才通风报信的女同学，故意装出严肃的样子说："我听到了，有一个同学说：'李雅来了！'"教室里笑声一片。刚才那位女同学怪不好意思的，脸都红了，接着趴在桌子上也笑了起来。

等笑声停了之后，我说："李雅来了不好吗？李雅多来几次，班里就多一些同学认真学习，你们就能多考一些分数，你们当中就会多一些人考上公立大学，多一些同学去广州、深圳等大城市读大学。考上公立大学，不仅可以节省很多学费，还可以拥有更加美好的人生体验，这是多么美好的事情！所以，大家不要怕李雅来，李雅来了是件好事。"

我注意到，讲这番话的时候，同学们都在认真听着。我接着说："同学们一定要心怀梦想，奋发努力，让李雅来的时候可以看到大家认真学习的样子。"

我还注意到，平时有的同学在谈到其他老师时也会直呼其名，我便借机提醒他们，直呼老师的名字是一种不礼貌的表现。

接下来的几天里，每到自习课的时间，我都会去查看学生的自习情况。每次走到教室门口，我都会幽默地说："李雅来了！"同学们听到我这样说，都笑了起来，我也忍不住笑了。

过了一段时间，我再去查看学生的自习情况的时候，不再说"李雅来了"，因为他们都在埋头学习，我怕打扰到他们。

（2018 年 8 月 19 日）

我为自己的几次"无语"感到惭愧。

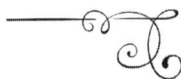

无　语

一天，一位家长主动打电话给我："老师，我孩子在学校的表现怎样？他有没有听话？"

"他经常上课睡觉。"

"哦，他身体不好，去年生了病，住了一个星期医院，打了很多针，精神不太好，上课是会犯困的。"

"他经常请假要出去。"

"老师，他容易胃痛，学校的饭菜不合胃口，所以他才会请那么多假出去。"

"他学习不够努力。"

"他身体不好，基础也不扎实，我们对他的要求不高，只要他在学校里不干坏事就行了。我们最怕他在学校里学坏，只要没有学坏，能学多少是多少，成绩差一点没关系。"

我一时无语。

"不知道他在学校里表现得怎样，他在家里是很听话的，他的叔叔、伯伯和村里的人都说他是好孩子……"

我更加无语。

"老师，您在听吗？"

"我在听。他的情况就是这样，以后有什么情况，我再和您说。"

最初我对这位家长是有看法的，觉得她是一个溺爱孩子的母亲，所以与这位家长通话时，我几次无语。后来我反复回想这件事情，慢慢地发现这位家长其实是一位了不起的母亲。首先，她对孩子的爱是无条件的。有一些家长在孩子表现优秀时，就觉得很骄傲，就"爱"孩子多一点；但当孩子的表现不尽如人意时，就觉得很丢人，就对孩子表现出失望和冷淡。这位家长知道自己的孩子在学校里的表现并不优秀，但是她并不觉得丢人，在谈到孩子时，她的言辞中始终充满爱意，充分体谅、包容和接受自己并不完美的孩子，一如既往地爱他。其次，她充分信任自己的孩子。她相信自己孩子的本质是好的，相信孩子的不良表现事出有因。最后，她懂得，对一个人而言，最重要的是品质。她最关心的是孩子有没有学坏，只要没有学坏，成绩差一点也关系不大。

这位语言朴实的家长在做母亲方面、在对人的认识方面，达到了我们很多人没有达到的高度！

作为高三年级的班主任，我一心只想着怎样多让几个学生考上理想的大学，"努力学习"几乎成为我衡量学生的唯一标准。反复回想与这位家长的通话内容，我突然感到这位家长的人才观很值得我学习。虽然"教书育人"常挂在嘴边，但在追求教学质量的过程中，我常常只看到了"人"的成绩而忘记了"人"的其他方面！

那位同学，除了学习不够努力之外，其实是一个很不错的男孩：朴实真诚，与人说话时脸上常常露出害羞的神情。写到这里，我的脑海中不自觉地浮现出这个淳朴可爱的男孩的形象。

我为自己的几次"无语"感到惭愧。

（2018 年 9 月 1 日）

恐吓不管用，遵守纪律才是硬道理。

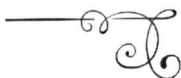

不怕吓

高三（10）班一共有26名外宿生。我这个班主任很纳闷：哪来这么多外宿生？

（10）班外宿生人数之多引起学校的关注，德育处杨主任对我说："查一查你们班外宿生的情况，如果不符合外宿条件的，一定要让他们搬回学校住宿。"接管（10）班的时间不长，我对班里外宿生的情况还不甚了解。为了弄清情况，我对外宿生的情况进行了排查。我先在班群里和家长群里"@所有人"："按照学校的规定，外宿必须具备以下条件之一：①住在家里；②租房必须有家长陪住。不具备外宿条件的同学必须搬回学校住宿。"让学生和家长都了解学校的有关规定后，我接着通过电话和微信逐一让26位外宿生的家长确认他们的孩子是否具备外宿的条件。

昨天我接到一个学生的电话，他说："老师，只剩下几个月就要毕业了，住哪里都一样……为什么还要管这么严，如果管得太严，到时候会打人的。"

"打人？打谁？"我问道，"是打老师还是打同学？"

"都有可能！"

我说："你说清楚，谁要打人？"

他连忙说："我没说谁要打人呀。"

为了全面掌握外宿生的情况，我联系了（10）班上一学年的班主任罗老师。在向罗老师了解情况时，我说："（10）班居然有学生对我说，如果管得太严，可能会出现打人的事情。"罗老师笑着告诉我，之前（10）班有几个学生因为不满学校的严格管理，也曾经说出要打老师的话。

"原来（10）班有这么多牛人，动不动就说要打人！"我说。

罗老师安慰我："李老师，你放心，他们不敢打老师也不会打老师的，他们都是善良的孩子。"

我相信他们都是善良的，但是我最讨厌学生动不动就说"要打人"。我一定要好好教育他们才行。

今天上午到班里上课，我和学生说："昨天，因为住宿问题，有同学说，如果管得太严，可能会出现打人的事情。我告诉大家，不是住在家里又没有家长陪读的外宿同学，一律要搬回学校住宿！别因此和我说'打'这个字，李老师可不是被吓大的，工作这么多年，什么学生我没见过！"

陈加驰接着我的话，笑着说："别吓老师，谁怕谁呢！"

听他这样说，同学们都笑了起来。

太不像话了，年纪轻轻的，动不动就说"要打人"。现在我回想起来，8月初高三刚开学的那段时间里，负责考勤登记的班干部认真负责，每天都把迟到、缺勤的情况作了详细的登记并第一时间发给我，让我对学生的出勤情况了如指掌。可是有一天，这位班干部突然说："我干不了考勤工作了！"我追问他原因，他什么也没有说，只是说："心太累了！"现在看来这位班干部的"心太累"是事出有因的，会不会有人对他说了类似"要打人"的话呢？

我得好好准备一下，用一节班会课来和学生说说"打人"的坏处，要让他们明白：解决问题的方法有很多种，"打人"不是好方法，只会用拳头来解决问题的人是无能的人！

我还要在班会上提醒说话做事粗鲁的同学：李老师不怕吓，恐吓不管用，遵守纪律才是硬道理。

（2018 年 9 月 3 日）

榜样就在身边，就在班里。

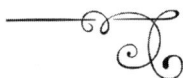

榜样就在身边

邓元锋：从无心向学到学霸

这两天，邓元锋同学在课堂上的表现令我很是惊喜。昨天上午第二节课，我要求大家把下面一道题中的 8 个文言句子全都翻译出来。

下列各组句子中，句式不相同的一组是（　　）

A. 石之铿然有声者，所在皆是也。

如今人方为刀俎，我为鱼肉。

B. 故今之墓中全乎为五人也。

刘备天下枭雄。

C. 《诗》三百篇，大底圣贤发愤之所为作也。

妪，先大母婢也。

D. 屈平疾王听之不聪也。

城北徐公，齐国之美丽者也。

我点名叫了几位基础比较好的同学，却没有一位同学能够上台来把这几个句子的意思翻译出来，我有点失望。这时，第三小组的邓元锋说："我来讲吧。"

"非常好！大胆讲，元锋，能讲多少就讲多少。"我鼓励他。

邓元锋走上台，非常流利地把题目中的 8 个句子全部翻译出来了。教室里响起热烈的掌声。

昨天晚上，邓元锋发信息给我："李老师，我今天有点紧张，发挥得不太好。我认真学习了练习题中的文言翻译，明天我还可以上台讲。"

今天，邓元锋果然又上台把练习题中的 12 个文言句子准确地翻译了出来。

邓元锋回到座位后，我说："榜样就在身边！大家尤其是无心向学的同学要向邓元锋学习！元锋同学高一、高二时心不在焉，进入高三后幡然醒悟，奋发努力，变成了学霸，是大家学习的榜样。"

叶明超：热爱生命，渴望知识

今年 8 月份，叶明超同学身患重病，必须立即动手术治疗。他勇敢面对病魔，积极配合医务人员，使得手术非常成功，如今他已经康复出院。

叶明超同学平时性格开朗，幽默风趣，经过这次磨难之后，他更加热爱生命，珍惜校园的生活。他十分渴望早日重返校园，和同学们一起学习。大病初愈，他的身体还比较虚弱，医生建议他在家多休息一段时间。但是，他求知心切，多次向家长表达了要回学校读书的强烈愿望。他妈妈拗不过他，只好同意了他的要求。

叶明超同学的事迹让高三（10）班的同学备受感染，深受教育。同学们纷纷表示要向他学习，热爱生活，奋发向上。

榜样就在身边，就在班里。这些身边的榜样正引领着高三（10）班的同学走向美好的未来！

（2018 年 9 月 19 日）

赞赏，能让孩子眼睛发亮，脸上有笑容，能让他们听课比以往更加认真。

不要吝啬对孩子的赞赏

昨天整理月考成绩时，我发现一位男同学进步了，他第二次月考总分比第一次高出35分。有了这个发现后，我很高兴，马上把这个成绩发给他家长，还写上"进步明显，值得表扬"的信息。我希望家长以此为契机鼓励这位同学继续努力，争取更大的进步。家长收到信息后，这样回复我："就是英语成绩提高了一点，其他没什么变化。"从这位家长回复的信息中可以看出她对孩子的成绩是不太满意的。我继续和这位家长交流："孩子有进步我们就要表扬他，孩子受到表扬，就会取得更大的进步。他第二次月考的总分超出今年'3＋证书'高职高考的分数线33分，这是一个非常大的进步，所以我们应该大力表扬他。"

"是的，总算是有进步了。"这位家长终于承认她的孩子有了进步。

我继续发信息给她："好孩子都是夸出来的，不要吝啬对孩子的赞赏。家长的鼓励能大大增强孩子的信心。"

最后这位家长发来语音说她一定会按照我所说的去表扬孩子、鼓励孩子。

一般来说，孩子最在乎家长对自己的评价，他们有进步的时候非常渴望得到父母的肯定。前段时间有一个学生发信息对我说心里话："李老师，我希望通过我的努力取得进步，让您为我写一篇文章，我想让我的父母看见我的努力和进步。"这个学生的心里话让我强烈感受到他是多么在乎家长的评价，多么渴望得到家长的肯定！学生有上进心，这是我求之不得的，我高兴地答应了他：他一有进步，我马上写文章表扬他。此后，这位同学真的在很努力地学习，取得的进步令人刮目相看，我也兑现了自己的诺言，写文章表扬了他。我把这篇文章发到班群和家长群，还特别打电话给那位同学的家长，具体和他讲了他孩子的进步情况，希望他能及时表扬孩子，让孩子产生更大的学习动力。家长接受了我的建议，表扬了孩子。接下来，我看到这个学生学习更加努力了，人也更有精神了。

有些家长知道孩子有进步时自己心里也很高兴，但是又怕表扬会让孩子骄傲，于是就很吝啬对孩子的赞赏。事实证明，赞赏，能让孩子眼睛发亮，脸上有笑容，能让他们听课比以往更加认真。常常得到家长赞赏的学生会更加努力、更加自信，成绩也更好！

很多杰出人物在成长的过程中，家长的赞赏常常伴随着他们。如果你希望自己的孩子读书时成绩优异，日后事业有成，那就请你首先做到一点：不要吝啬对孩子的赞赏！

（2018 年 9 月 24 日）

在加强家校合作的过程中，学生、家长和老师三方都是得益者，我们都是赢家。

我们都是赢家

当上高三（10）班班主任的第一天我就想到一个问题：必须加强与家长的联系。为此，我打算与高三（10）班所有的家长成为微信好友，我让学生把我的微信名片推送给家长，部分同学很快就按要求做了。但是不少同学却迟迟没有行动，有些同学干脆说他们家长不懂用微信。

家长不懂得用微信？我有点不相信，于是逐一打电话给那些还没有加我微信的家长，请他们加我微信。经过一番努力，我与很多家长成为微信好友。接下来，我着手组建高三（10）班的家长微信群。最初，家长微信群只有十几人，慢慢地增加到 20 人、30 人……截至昨天，家长群里已经有 40 名家长了。

与家长成为微信好友尤其是家长群组建起来后，我与家长们的联系可以说是畅通无阻了。哪个同学旷课，哪个同学经常不做作业，哪个同学身体不舒服，我会通过微信及时联系家长，商量解决问题的办法。学校有什么重要的通知、学生在哪方面取得较大的进步，我会在第一时间把信息发到家长群里。我有什么工作需要家长配合的，家长对我们的工作有什么不理解的，我们都可以在家长群里交流。

高三（10）班家长微信群的建立大大加强了家校合作，而我与家长们的联系也越来越紧密，班里的纪律越来越好，学风越来越端正，同学们的成绩也有所提高。高三（10）班能有这些变化，很大程度上有赖于家校合作的加强。

爱自由、不喜欢受管束是人的天性，高中生更是如此。当初有些学生为了获取更多的自由，千方百计阻挠我与他们的家长建立联系，甚至产生抵触、反感的情绪。但是这些都无法阻止我与家长的联系，学生只好接受来自学校和家庭的双重约束。接受这双重约束后，高三（10）班的班风越来越好，学生的进步越来越大。

家校合作让学生有了很大的进步。其实，细细想来，在加强家校合作的过程中，受益的何止是学生。学生学业进步、健康成长是家长和老师的共同心愿，不管是老师看到学生有进步，还是家长看到孩子有成长时，都是非常高兴的。

在谈到家校合作这个话题时，我和学生说："大家不要害怕老师与家长联系，在加强家校合作的过程中，学生、家长和老师三方都是得益者，我们都是赢家。"很多同学点头表示认同我的观点。

（2018 年 9 月 25 日）

我们自己都做不到对自己负责，又怎么能奢求别人对我们负责呢？

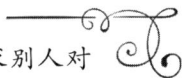

要对自己负责

前两天收到级组发来的高三第二次月考成绩汇总表，看了自己班学生的考试成绩后，我大吃一惊：居然有 5 名男同学缺考英语！事前没有一个同学向我请过假。不考试又没有请假，真是胆大包天！

怎么回事呢？我在班群里问缺考英语的 5 名同学为什么不参加考试，没有一个同学回复我。

在全年级的统一考试中，缺考是很严重的问题。

前段时间，针对高三职中班部分同学纪律散漫、无心向学的状况，教务处、德育处领导在会议上多次和同学们强调，想参加高职高考就要付诸行动，不努力学习的同学必须去实习，去就业，不能留在学校里混日子！自从学校强调了纪律之后，两个职中班里那些纪律散漫的同学已经有所收敛，开始努力按照学校的要求来做好自己。在这种情况下，高三（10）班居然有 5 名同学在月考中缺考英语，这不是在挑战学校的底线吗？

昨天上课的时候，当着全班同学的面，我很严肃地问了一位不参加英语考试的同学："你为什么不参加英语考试？"

"我来了，可是监考老师不让我考试！"

"为什么？"

"我迟到了，监考老师说'这么晚才来，你回去吧，不用考了'，我就回去了。"听他的口气，好像还很不服气的样子。

"就是！我们迟到了，老师就不让我们考了！"另一位未参加英语考试的同学附和。

"监考老师做得对！你们没有按照规定的时间到达，当然不能参加考试。高考的时候，就算只超过规定的时间一秒钟你都进不了试室。"我说。

接着，我批评他们："英语考试的前一天晚上和考试当天的上午，我都在班群里'@所有人'，通知大家：为了方便大家回家过中秋节，学校决定把24日的英语考试提前到下午2：40。我两次强调了考试时间，你们为什么还是迟到了呢？"

为了教育学生，昨天的那节语文课，我上成了班会课。

我对全班同学说："5名同学在月考中缺考英语，说到底，是他们对自己不负责任！作为学生，有什么事情比考试更重要呢？一个学生连什么时候考试都不知道，你能说你对自己是负责的吗？"

教室里很安静。我继续说："对自己不负责任这样的事情在我们高三（10）班已经发生不止一次了，之前就出现过5名同学漏报名计算机等级考试的严重事情。我问过相关的老师，老师们都说考证报名的事情已经和同学们强调过多次了。我问了漏报名的原因，这5名同学说是委托给同学报名，最后自己没有确认，所以没有报名成功。把计算机等级考证报名这么重要的事情委托给他人，这样做的同学，对自己太不负责任了！计算机等级证书是参加"3＋证书"高职高考的必备条件，计算机等级考试的报名关系到你们的前途和命运，这么重要的事情怎么能够委托给他人呢？我们自己都做不到对自己负责，又怎么能奢求别人对我们负责呢？所以，同学们一定要引以为戒，重要的事情一定要认真去做，要亲自去做，要对自己负责！"

我讲得有点激动，感觉到自己的脸有一点发热了。我希望学生听了以后内心能有所触动。

（2018年9月26日）

以前那个胆小、不怎么敢说话的男孩如今已经变成一个敢于担当的男子汉了！

变成了男子汉

我当上高三（10）班班主任后首先想到要做的事情是：必须把高二时的正班长李星宇换掉。因为我心目中的班长必须是能力强，有号召力，做事雷厉风行的那种人，而我印象中的李星宇是一个胆子比较小，不怎么敢说话，班里谁都可以指挥他的男孩（我是李星宇高一时的语文老师，那时候的他就是这样的）。

开学之前，我专门打电话给李星宇，就不让他当正班长的事情和他进行了沟通。我告知他，为了让他专心学习，进一步提高学习成绩，高三开学后，他不再当正班长了，改当副班长。我担心李星宇难以接受这个对他来说突如其来的决定，因此特别强调：高三了，学习是最重要的，当不当正班长是次要的。

"好吧。"李星宇回答得有点勉强。但是为了让高三（10）班有一位做起事来雷厉风行的正班长，我只好委屈他了。

当上班主任后，我才发现，现在的班主任工作真的很烦琐：各种各样的检查要落实，各种各样的表格要填写，各种各样的活动要组织……除了办事雷厉风行的正班长，我还特别需要一位任劳任怨的班干部来协助我的工作。

宿舍卫生需要有人管，我想到了李星宇。但是我把他的正班长一职给撤了，感到自己有点理亏，几次想叫李星宇负责管理宿舍，话到嘴边又说不出口。但是学校每次公布的脏乱差的宿舍名单中，我们班的男生宿舍都榜上有名。没有办法，我试着问李星宇："星宇，你来管理宿舍，怎么样？"

"可以，没问题。"李星宇回答得很爽快，我喜出望外。此后，男生宿舍很少因为卫生问题受到学校的批评了。

职中班高三没有课本，高考复习资料是学生集体商量着订购的。订购哪种资料，多少人订购，必须进行商量、协调与登记。这些工作李星宇都做得很好。语数英三科的复习资料买回来，发放也是一项比较烦琐的工作。李星宇也做得有条不紊，没有出现差错。

开学不久，负责考勤登记的班干部提出不做这项工作了。我让李星宇接管这项工作，李星宇二话不说就接受了任务。

针对高三职中班部分同学无心向学、纪律散漫的现状，学校教务处、德育处领导一再强调，将要对随意迟到早退和旷课的同学做出严肃的处理。学校要求职中班严格执行考勤制度，每个星期都要如实上报考勤情况。

在这种情况下，我担心那些不遵守纪律的同学会给负责考勤登记的副班长李星宇施加压力，今天的晚自习我把考勤工作分给六个小组长，星期一到星期六每位小组长各负责一天，同时让几名班干部跟进落实情况。这样一来，仅仅考勤工作每周就动用了十几个人。

我还没有布置完，李星宇说："老师，让我一个人做考勤工作就行了，那么多人参与会混乱的。我做得不好再说。"

李星宇话一说完，教室里就响起热烈的掌声。

别的班干部因为怕得罪经常迟到早退的同学而不敢接手考勤工作，李星宇却敢于碰硬，主动提出承担这项任务。同学们的掌声是对他的充分肯定！

这个学期下来，李星宇的表现令我意想不到，十分惊喜。今天他的一番话更是让我对他刮目相看：以前那个胆小、不怎么敢说话的男孩如今已经变成一个敢于担当的男子汉了！

（2018 年 10 月 8 日）

我每次都是这样礼貌地同宿管阿姨或保安人员说话的，这是一种习惯，也是给自己学生的一种示范。

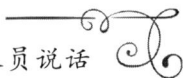

引导学生礼貌待人

开学以来，我注意到班里的一些同学在很多时候对人缺乏起码的礼貌。

表现一：直呼老师的名字。

有一次我去巡查学生的自习情况，在教室门口听到一个学生提醒其他同学："李雅来了！"第一次听到学生说"李雅来了"时，我感到很惊讶，心里想：学生怎么能够直呼老师的名字呢？可是，很快我就发现这不是个别现象，有好几次我都听到学生直呼其他老师的名字。他们直呼老师的名字就像叫自己同学的名字一样，全然不觉得有什么不妥。

表现二：不懂得使用"您""您好""谢谢"等礼貌用语。

在作文中写到自己与父母、老师或其他长辈的对话时，很多学生用"你"而不是"您"。在平时与老师相处或者与老师用微信聊天时，学生没有用"您好""老师好"来问候老师，得到老师的提醒、帮助和关心之后也不懂得用"谢谢老师"来表示感谢。

发现学生在礼貌方面存在问题后，我特别注意培养学生礼貌待人的习惯。

为了让学生懂得礼貌待人的重要性，我把礼貌待人作为班级文化建设的一个重要部分。我利用班会课、写作课，引导学生认识到礼貌待人是一个文明人最起码的素质。我特别强调，对自己的老师不讲礼貌，说到底就是对老师的不尊重。我要求学生从尊重自己的老师做起，改正直呼老师名字的不良习惯，上课前应主动向老师问好，下课时说"谢谢老师"，与老师对话、用微信聊天时要使用"您"。

　　为了培养学生讲礼貌的习惯，我随时随地纠正学生的不礼貌行为。每次发现学生与我说话或者微信聊天中用"你"而不是用"您"时，我就马上纠正："是'您'不是'你'。"学生写"谢谢你！"时，我会纠正："应该写'谢谢您！'"

　　作为班主任，我以身作则，礼貌待人。高三级组办公室里面年轻老师很多，与他们相处时，我经常直呼其名，但有学生在场时，我会立即改口叫他们"梁老师""杨老师""陈老师""康老师"……

　　每次学生请假要离开宿舍或者学校时，需要班主任与宿管阿姨或保安人员通话，每次与他们通话时，我都是很讲礼貌的。今天我们班的张展宏同学在学校门口要请假离校时，我这样和保安人员说："您好！我是高三（10）班班主任李雅老师，我们班张展宏同学要回家取衣服，请您批准他出去。"保安人员同意后，我就说："谢谢您！"我每次都是这样礼貌地同宿管阿姨或保安人员说话的，这是一种习惯，也是给自己学生的一种示范。

　　孺子可教，现在高三（10）班的同学在礼貌待人方面有了很大的进步。

（2018 年 10 月 13 日）

困难是用来克服的！

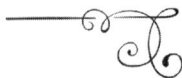

困难是用来克服的

经过两个多月的努力，高三（10）班的同学基本上不敢旷课了。这是一个非常大的进步。但是考勤记录显示，每天仍有相当一部分同学迟到，晚自习迟到的人最多，包括一部分住校的同学。

今天上午，大课间时间我特别和住校的同学强调，一定要按照高三年级的要求，准时到教室晚自习，不能老是迟到。

"老师，我们做不到啊！"一个学生说。

"是啊，我们确实做不到。"不少同学附和。

"你们住在学校，宿舍与教室距离不过 100 米左右，为什么还会迟到？"

"我们每次都要从宿舍下来，到了教学楼这边又要走上五楼，怎么赶得到？"一个男同学说。

"为什么人家普中班的同学能做到不迟到，我们职中班的同学就做不到呢？难道他们不用从宿舍走下来，不用从教学楼一楼走上五楼？难道他们都是飞下宿舍又飞上教室的？"

学生一时无话可说。

今天晚自习时，还是有部分同学迟到。我问了原因。有同学又在夸大他们的困难："我们要洗澡，8 个人一间宿舍，轮到后面的人就只能迟到了。"

"普中班的同学也要洗澡呀，为什么人家不迟到呢？"我问。

"他们宿舍的人少。"

"普中班宿舍的人数都比我们班的少吗？"

…………

"大家不要老是夸大自己的困难。谁没有困难呢？我没有吗？我也有困难。晚自习后我回家时要经过横跨铁路的几百米长的桥，那桥上还没有装好灯，我能够和学校说我回家经过的桥上没有灯，不敢来晚自习吗？"我问学生。

"几乎每天晚自习都有老师因为家里没人看管而不得不把孩子带来学校，让孩子在办公室等到十点钟晚自习下课后再一起回家。难道这些老师没有困难吗？"我继续问他们。

"困难肯定是有的，每个人都会遇到。"我说。

"困难是用来克服的！"陈国辉接着我的话说。

"国辉这话说得不错，很有哲理！从明天开始同学们一定要克服困难，按时到教室学习。大家做得到吗？"

"做得到！"

我期待他们能克服困难，从明天开始真正做到不迟到。

(2018 年 10 月 19 日)

方法总比问题多。我相信自己的学生一定能够想方设法解决好晚自习经常迟到的问题！

方法总比问题多

开学两个多月来，班里部分住宿的同学晚自习老是迟到。我多次批评学生，学生总是有这样那样的理由，有人说打饭要排队，有人说洗澡要排队，甚至有人说上下楼梯也要花时间……理由五花八门，结果总是一样——晚自习迟到。

每次学生为自己的迟到辩解时，我总是问他们："为什么人家普中班的同学能做得到，我们职中班却有这么多同学做不到？"学生无言以对，但迟到现象仍有发生。我一直在思考如何解决晚自习老是有人迟到的问题。

今天中午，我在学校饭堂吃午餐，刚好看到班长梁汇源、副班长李星宇、组长王铭登也来饭堂吃饭。他们发现我后过来问好，我叫他们打饭过来一起吃。等了十几分钟之后，他们三人才打到饭端过来。我们一边吃，一边聊。

"饭堂的饭菜怎样？"我问他们。

"还可以。"李星宇说。

"你们吃一顿一般要多少钱？"

"一般八块钱左右。"王铭登说。

…………

因为正副班长都在场，我们的话题自然就转到班务上来。我和他们讨论怎么解决晚自习总有同学迟到的问题。

"老师，您也看到了，我们打饭要排这么长时间的队，每次打饭、吃饭至少要花二十分钟。今天是星期六，人少一点，平时人更多。"李星宇说。

"老师，麻烦您向学校领导反映一下，看看能不能单独为高三学生开一个打饭窗口。如果有专门的打饭窗口，我们就可以节省一些排队时间。"梁汇源说。

"向学校领导反映情况是可以的。但我觉得问题的关键不在这里。你们可以问问普中班的同学怎样可以做到不迟到。他们打饭、洗澡同样要排队呀。"我说。

"你们宿舍8个同学吃饭和洗澡的时间可以错开嘛。"我建议他们，"下午第三节课一下课，一部分同学去饭堂吃饭，另一部分同学回宿舍洗澡。接下来，吃完饭的同学回宿舍洗澡，洗完澡的同学去饭堂吃饭，不要都挤在一块儿干同样的事情。这样一来，问题不是很容易解决了吗？"

"我们有时也可以去其他人少的宿舍洗澡。"李星宇说。

"这就很好嘛。"我肯定了这个想法。

"但是老是这样打扰别人也不太好。"李星宇说。

"打扰一下有什么关系？都是同一个学校的同学。"我说。

"汇源，回去组织住宿的同学讨论一下，看看怎么样科学合理地安排好吃饭和洗澡的时间，晚自习不能再这样迟到下去了。"我要求班长梁汇源。

"好的，老师!"梁汇源爽快地回答。

方法总比问题多。我相信自己的学生一定能够想方设法解决好晚自习经常迟到的问题！

（2018 年 10 月 21 日）

　　如果家长理解孩子真实的想法，尊重孩子的选择，不赶鸭子上架，不单方面要求孩子一定要参加高考，那些学不进文化课但有自己追求的学生就可以高高兴兴地去做自己喜欢的事情；如果孩子理解家长的一片苦心，就会克服困难，奋发努力，不辜负父母的殷切期望。

如果能够互相理解

　　高三（10）班部分同学无心向学，我批评他们："既然来学校读书了，就应该好好学习！不学习，来学校干什么？"

　　"我本来就不想读书的，是家长逼迫我来的。"有同学这样说。

　　"不想读书，你们可以和家长沟通一下，把自己真实的想法告诉他们嘛。"

　　"老师，没有用的，他们不会听我的。"

　　月考中语数英三科满分450分，好些学生三科的总分还没超过100分。我对他们说："你们的智力都很正常，稍微学一学，成绩就可以上来了，为什么不努力学一下呢？"

　　"我就是不想学语数英才来读职中的，如果学得进语数英，我还会来读职中吗？我来读职中的目的，就是想学一些技术出去打工。"

　　同学们说的是他们内心真实的想法，可是他们的真实想法往往得不到家长的理解。

　　按照相关规定，职中生读完高二后可以有两种选择，一种是离开学校出去实习就业，一种是继续留在学校学习参加高考。前段时间，学校专门召开了高三两个职中班的学生会议，要求学生做出选择：要么认真学习，积极备考；要么离开学校去实习就业。我们以为那些无心向学的同学一定会选择实习就业，可是，高三（10）班只有一位同学选择就业，其余四十三位同学都选择了留在学校参加高考。留下来的同学中有好些人是无心向学的，他们经常迟到旷课，上课玩手机、睡觉。

我感到非常奇怪：既然留下来参加高考，就应该努力学习；如果不想学习，为什么不选择出去工作呢？莫非他们都是那种既不想学习，也不想去就业，只想留在学校里混日子的人？我找了这些同学谈话，了解他们的想法。

"老师，说实话，我们也想出去工作，去做自己喜欢做的事情，可是家长不同意！"

我不止一次听学生说过类似的话。

高三（10）班有好些同学愿意花几千元去学车而不愿意花很少的钱去买高考复习资料。他们一有空就去练习驾驶却不愿把时间花在文化课上。

我理解自己的学生，他们主要是想学习自己喜欢的知识，想去做自己想做的工作。

我和多位家长就学生的去留进行了沟通。没有一个家长同意孩子出去就业而不参加高考。

"他就是不学习，我也要让他在学校里坐到高考的那一天。"

"我不同意他出去就业，哪里有读了书不参加高考的？"

"但是，孩子的心里是怎么想的，您知道吗？"我问其中一位家长。

"我才不管他怎么想，我只想让他读大学！"

可怜天下父母心！我理解这些望子成龙、望女成凤的家长的苦心。

我常常想：如果家长理解孩子真实的想法，尊重孩子的选择，不赶鸭子上架，不单方面要求孩子一定要参加高考，那些学不进文化课但有自己追求的学生就可以高高兴兴地去做自己喜欢的事情；如果孩子理解家长的一片苦心，就会克服困难，奋发努力，不辜负父母的殷切期望。可遗憾的是，不少学生和家长之间缺乏足够的理解。

（2018 年 10 月 24 日）

　　我第一次强烈地意识到：爱心教育不能缺失！如果我们的学生缺乏爱心，不懂得关爱他人，那么他们的成绩再好也会令我们心寒！

爱心教育不能缺失

　　跳完广场舞回到家已是晚上9：27，我打开手机进入微信班群，看见余老师在班群里发了一条信息："同学们，因身体不适，我暂时不能上课，大家在数学学习中如有不懂的问题，可拍照发微信给我。"

　　余老师这条信息是晚上7：56发在班群里的，我看到这条短信时，已经过去了一个多小时。在这一个多小时里，高三（10）班只有一位同学回复了"收到"两个字。我感觉到高三（10）班这帮孩子好冷漠！余老师这个星期一因病住院，病中的她仍然牵挂着自己的学生，牵挂着她所教的数学！余老师让学生把不懂的问题拍下来，通过微信发给她，好让她能够及时进行指导。可是同学们却对老师在病中发来的关心他们学习的信息视而不见，没有人关心老师、问候老师！

　　余老师把同样的信息发到高三（11）班的班群中，得到同学们的热情回应，有二十多位同学回复了暖心的信息：

　　"好的，老师早日康复!"

　　"收到了，老师早日康复啊!"

　　"老师好好休息，祝早日康复!"

　　"老师您好好休息，祝您早日康复!"

　　…………

　　相比之下，高三（10）班的同学真的显得非常冷漠！

　　我把（11）班同学的班群信息截屏发到（10）班班群中，并"@所有人"："请大家向（11）班同学学习！"终于有30位同学在班群里发了祝老师早日康复的信息。

今晚同学们在班群里最初表现出来的冷漠让我心寒！心寒之余，我猛然发现，同学们的冷漠在很大程度上折射出我的班主任工作缺少足够的"爱心教育"！在工作中，我很重视学生的学习，班会课上讲学习方面的事情比较多，讲其他方面的事情很少。（10）班月考的成绩不断上升，我对学生在学习方面的表现还是比较满意的。可是，今天他们最初的冷漠表现让我第一次强烈地意识到：爱心教育不能缺失！如果我们的学生缺乏爱心，不懂得关爱他人，那么他们的成绩再好也会令我们心寒！

下星期一我要利用班会课开展爱心教育，我还要在高考的备考作文中增添"爱心篇"。

（2018 年 11 月 3 日）

我坚信，接下来同学们会更加努力，下一次获得的将会是含金量十足的"文明班级"流动红旗。

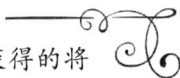

进步奖

今天早晨在升旗仪式上，值周领导在宣读获得第十周"文明宿舍"和"文明班级"流动红旗的班级名单时，我意外地听到了"高三（10）班，班主任李雅"。我一时反应不过来，问旁边的老师："是高三（10）班吗？"

"是呀。"

"是文明宿舍还是文明班级？"

"是文明班级。（10）班获得流动红旗不容易啊！"旁边的老师感慨道。

"是不容易！"我说。

我要好好地表扬一下自己的学生。班会课上我说："今天我们班领回了'文明班级'流动红旗——"我的话还没说完，班长梁汇源就抢着说："那是进步奖！"同学们都笑了起来。

与普中班相比，高三（10）班各个方面还有很大的差距。如果仅仅按照量化考核的结果来看，高三（10）班是拿不到"文明班级"流动红旗的。班长梁汇源说的没错，我们班第一次拿到的这面"文明班级"流动红旗的含金量确实不高，充其量只是学校发给的"进步奖"。

上个星期，教务处的梁主任在高三级组群里表扬两个职中班进步较大，并建议"下周给这两个职中班各奖一面流动红旗以作鼓励"。今天早上遇到梁主任，我向他表示感谢，说他的建议让高三（10）班获得了流动红旗。梁主任说："高三两个职中班尤其是（10）班的进步确实不小，应该表扬！"

（10）班的进步确实不小，刚开学的时候，班里有不少学生经常迟到、旷课。经过各方面共同努力、齐抓共管，现在班里几乎没有同学敢随便旷课，迟到的人数也大大减少。更加令人高兴的是，班里的学风也有了明显好转。以前上课时学生睡觉、玩手机是一种常态，现在这种现象少之又少了。以前上自习课时很多同学在老师来时装模作样假学习，老师一走开，他们就趴着睡觉或者玩手机；现在在没有老师看管的情况下，他们基本上也都可以做到自觉学习了。

自开学以来，高三（10）班同学的进步有目共睹，多次得到学校值日老师和领导的肯定。这种肯定成为大家不断努力取得进步的动力。

今天学校颁发给高三（10）班的"文明班级"流动红旗，是对大家的鼓励和鞭策。我坚信，接下来同学们会更加努力，下一次获得的将会是含金量十足的"文明班级"流动红旗。

（2018 年 11 月 5 日）

　　我看见了高三（10）班同学的努力，看见了他们的贡献，看见了他们的进步。我的眼睛将追随着他们前行的脚步，目送他们前往美好的未来。

看得见

　　她们的努力我看得见。

　　要说努力，高三（10）班的八位女同学个个都是努力学习的典型。她们努力学习，提高成绩，遵守纪律，并带动男同学一起学习、一起进步。"努力"是高三（10）班女同学的共同特点。

　　来得最早、回得最晚的是女同学，读书声音最大的是女同学，成绩最好的也是女同学。

　　她们在努力做好自己的同时，一直非常努力地使自己的班集体变得更好，经常提醒、督促、带动男同学一起努力学习。

　　他们的贡献我看得到。

　　高三（10）班能够正常运转并且不断进步，班干部功不可没。班干部分工明确，正班长梁汇源负责全面统筹班级管理工作，团支书莫龙胜负责管理团员，副班长李星宇负责考勤登记和宿舍管理，副班长王文威负责管理、督促"三读"（早读、午读、晚读），学习委员王小韵负责协调各科的学习安排，劳动委员梁如涛负责管理教室的清洁卫生，体育委员莫华明负责在跑操时领跑，纪律委员陈加驰负责监管班里的纪律……他们各司其职，又互相配合、互相帮助，共同完成日常工作中的各项任务。

　　语数英三科的科代表都很给力。大家读书热情不高，语文科代表骆丁丁经常站在讲台上一句一句地领读；同学们不懂如何读单词，英语科代表梁南劲每天坚持放录音给同学们跟读；同学们的数学基础不好，学习数学时普遍有畏难情绪，数学科代表莫龙胜组建数学兴趣小组，课后组织大家一起讨论学习，攻克数学难关。高三（10）班学风出现根本性的好转，跟几位科代表的出色工作是密不可分的。

他们的进步我看得见。

高三（10）班是一个不断进步的集体，这个集体中的每一位成员都在进步着。邓元锋从无心向学蜕变为学霸；叶希龙以前上课天天玩手机，经教育后改掉了坏习惯，此后成绩突飞猛进，第三次月考他跻身年级前几名；杨北进以前经常迟到或旷课，现在他能够准时到校并认真学习；蒋智伟曾经说过"我连自己都已经放弃自己了"，可最近他的练习卷上密密麻麻地写满了笔记；梁宗坤以前上课时怪话连篇，现在他在上课时抢抓机会，积极发言……他们的进步都非常明显。

我看见了高三（10）班同学的努力，看见了他们的贡献，看见了他们的进步。我的眼睛将追随着他们前行的脚步，目送他们前往美好的未来。

（2018 年 11 月 8 日）

响鼓不用重槌敲，响鼓只需轻轻地敲。她们都是听话的乖乖女，当然不需要暴风骤雨式的批评。对她们而言，轻轻地在旁边敲打一下就足够了。

响鼓不用重槌敲

高三（10）班的八位女同学都是乖乖女，她们遵守纪律、努力学习，无论是学习方面还是生活方面，都不需要我操心。从我当班主任以来，从未发现哪位女同学旷课，偶尔迟到一次也是事出有因、情有可原。我打电话或者发信息给她们的家长都是为了表扬而不是因为她们违反了纪律。所以对她们，我是非常放心的。

但是，有一段时间，我发现个别女同学上课时心不在焉，也不像以往那么开朗了。我还隐约听到有同学说班里面有人在谈恋爱。看来如何对中学生的恋爱问题进行引导始终是老师们回避不了的问题。

在一节班会课上，我问学生："我们高三（10）班有没有同学在谈恋爱呢？"

"有！"好些同学大声说，说完大家纷纷笑了起来。

"我感觉到好像有，又好像没有。不管有没有，今天我都要和大家谈谈'早恋'这个话题。"我说，"最好是没有，高中生谈恋爱是我们校规不允许的。学校这样规定是有理由的，你们这个年龄段主要任务就是学习，加上你们对社会、对人生尤其是对人性的认识还不够成熟，所以现在还不是谈恋爱的最佳时机。等你们上了大学，别说谈恋爱，就是结婚生孩子都是允许的。"

同学们听了都哈哈大笑起来。

我接着说："哪个少年不钟情？哪个少女不怀春？你们这个年龄段想谈恋爱我是可以理解的，但我不赞成。没有谈恋爱的同学最好等上了大学再谈，已经谈了恋爱的同学要做'冷处理'。老师和家长不赞成你们谈恋爱，是对你们尤其是对女同学最好的保护。"我说完特别看了看有恋爱嫌疑的女同学。

有恋爱嫌疑的女同学有点害羞又若有所思。此后我再也没有在班里和学生谈到与恋爱有关的话题，也没有找学生做个别的谈话，更没有联合家长一起来教育谈恋爱的学生。但我注意到，上次班会课上我特别看了一眼的女同学学习比以往更加努力，上课时注意力很集中，不再像以前那样迷茫了，慢慢恢复了从前的乐观开朗，几次月考的成绩也一次比一次好。

响鼓不用重槌敲，响鼓只需轻轻地敲。她们都是听话的乖乖女，当然不需要暴风骤雨式的批评。对她们而言，轻轻地在旁边敲打一下就足够了。

（2018 年 11 月 9 日）

> 轻轻地我来了。这样来了多次之后，高三（10）班的自习课学习情况终于有所改善，装模作样假学习的同学逐渐减少了。

轻轻地我来了

开学以来，我几乎每天都要通过电话和微信问班干部几个问题：自习课上同学们表现得怎么样？有人睡觉吗？有人玩手机吗？班干部经常回答我：不错呀！没有人睡觉，没有人玩手机。有时我不放心，问了几个班干部，他们的回答都差不多。

可是值日老师和领导的巡查记录显示，自习课上高三（10）班经常有人在睡觉、玩手机。

为了了解到真实的情况，我一方面要求班干部如实汇报自习课的情况，另一方面也加强了巡查。刚开始的时候，我都是从教室东边的走廊走来。从这个方向走来，容易被学生发现，所以每次走到教室门口，不是有人大声说"老师好"，就是有人发出咳嗽声。有了这样的提醒，睡觉的同学马上就抬起头来，玩手机的同学马上把手机收好，动作非常迅速，还未等我看清楚到底是谁在睡觉、谁在玩手机，大家就已快速做出认真学习的样子来，所以要找出违纪的同学来提醒教育一下并不容易。有好几次，我批评玩手机的同学，他们当中就有人说："我没有玩手机呀。"他们这样一说，我也不能说什么了，因为当时他们究竟有没有在玩手机，我也没有看得很清楚。

吸取了经验教训，后来去巡查学生自习情况的时候，我选择了从学生不容易看见我的方向到教室——从教室西边的走廊走到教室门口。

有一天，在自习课的时间，我从西边的走廊轻轻地走进了教室，站在同学们的背后。教室里，有的同学在认真学习，有的同学在睡觉，有的同学沉浸在游戏之中，没有人注意到我的到来。我先迅速记下睡觉和玩手机的同学，然后走近一个同学，站在他身后看他打游戏。这位同学一直沉浸在游戏之中，压根没有注意到我已经站在他的身后，直到其他同学笑出声来，他才如梦初醒！我把睡觉和玩手机的同学全部叫来谈话，这次没有一个同学敢说"我没有睡觉"或者"我没有玩手机"之类的话了。

　　轻轻地我来了。这样来了多次之后，高三（10）班的自习课学习情况终于有所改善，装模作样假学习的同学逐渐减少了。

（2018 年 11 月 10 日）

在这个世界上最关心学生的人就是家长和老师，为什么学生会欺骗家长和老师呢？

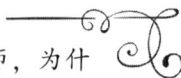

学生为什么会欺骗家长和老师

前段时间，我吃惊地发现我们班的家长群里面有一个冒牌妈妈。

我清楚地记得那天的情景。

那天有一位男同学的妈妈打电话问我："李老师，职中班什么时候高考？"

"明年1月5日至6日。我已经把通知发在家长群里了，您可以翻出来看看。"

"家长群？我没有在家长群里呀。"

"我之前已经把您拉进高三（10）班的家长群了。"

"没有呀，我还没加您好友呢。"

……………

原来这位男同学冒充他的妈妈加我的微信，在长达两个多月的时间里，他在微信里一直模仿家长的口吻，与我进行交流，他甚至冒充家长，几次以生病为理由给自己请假。如果不是与家长通电话，我还会继续被蒙在鼓里！

发现有冒牌家长之后，我怒火中烧，在班群里发了这么一段话："在这个世界上，最容易受骗的大概是家长和老师，最不会受骗的一定是警察！所以，老实做人、诚实待人的人才是最聪明的人。"

发现冒牌妈妈后不久，另一位男同学主动向我承认，他冒充自己的爸爸加了我微信，进了家长群。

最近，我还查到高三（10）班家长群里面有一个冒牌姐姐。开学初，一位学生说他爸爸不会用微信，他想让他姐姐加我微信，代替他爸爸和我沟通。我不知道加我微信的是假姐姐。有一天这位"姐姐"在微信中和我说，她"弟弟"感冒了要回家休息，她强调自己"弟弟"的感冒不轻，我就批准了这个请假。几天后，我打电话给这位同学的爸爸，了解这位同学的感冒好了没有，这才发现这位同学根本没有回家。追查之后才发现，原来那几天他学车去了！

高三（10）班的家长群里居然有冒牌妈妈、冒牌爸爸、冒牌姐姐，接连发现冒牌家长之后，我很纳闷，按理说，在这个世界上最关心学生的人就是家长和老师，为什么学生会欺骗家长和老师呢？

经过与学生谈话，我了解到学生欺骗家长和老师的原因是多方面的。

学生欺骗家长和老师最主要的原因是他们想挣脱束缚，获取更多的自由。想享受更多的自由是人的天性，年轻的学生更是如此。但是，正是因为年轻，他们还不懂得没有束缚的自由在很多时候是非常危险的。为了自由，有些学生不惜牺牲诚信来欺骗家长和老师。

学生欺骗家长和老师还因为他们有善良之心。人是复杂的，一方面学生贪玩，想自由，千方百计要挣脱束缚；另一方面善良的天性又使他们不忍心让家长和老师担心、难过，所以就做出了欺骗家长和老师的举动。殊不知，学生欺骗家长和老师，会给大家和他们本人带来更大的伤害，不欺骗才是真正的善良。

此外，学生欺骗家长和老师，有时是因为他们合理的愿望没有得到尊重。有的同学从高一开始就不想读书，不想参加高考，考大学只是家长单方面的意愿。好些同学多次和我说过："我不是读书的料！我只想学一门技术去工作。"他们想学习自己喜欢的知识，想去做自己喜欢做的事情。有的同学不想考大学，而是想学习与汽车相关的知识，但家长不允许，要求他们一定要参加高考。赶鸭子上架是行不通的，这些同学合理的愿望得不到尊重，便选择欺骗家长和老师也就不足为奇了。

学生欺骗家长和老师，原因是多方面的。只要我们查明原因、齐抓共管，共同做好学生的思想工作，引导他们认识到欺骗家长和老师的危害性和严重性，同时尊重学生合理的愿望，就一定能够减少进而杜绝学生的欺骗行为，让他们成长为诚实的人。

（2018 年 11 月 11 日）

他们可以谈的话题有很多，他们可以谈老师、谈同学、谈语文、谈数学、谈英语、谈理想、谈未来……只要我们深入了解，就不难发现很多男女同学虽然无所不谈，但是他们谈的未必就是恋爱。

谈的未必就是恋爱

我们爱周高中允许学生带手机到学校，要求老师引导学生把手机用在学习上。在教学过程中，我精心打造语文的微信教学平台，把大量的教学资料放在上面，几乎每节语文课我的学生都要用到手机，学生或用手机查阅资料，或在手机里朗读我推荐给他们的时文美文。与学生相关的通知，还有语数英三科的作业也几乎都是通过微信发到班群里，所以学生使用手机的频率是很高的。

前段时间，我发现高三（10）班一名女同学不带手机到学校，她说家长不让她使用手机，上课要用到手机时，就只能和邻座共用。有几次她迟一点回家，她妈妈很着急，却又联系不上她，只好打电话向我询问她迟归的原因。我和这位家长说学校鼓励学生带手机到学校用于学习，建议这位家长尽量配手机给孩子。可是这位家长说："我是不会给她手机的。"

"为什么呢？"

"我怕她玩手机影响学习。"

"我们老师会引导学生把手机用在学习上的。"

"反正我现在是不会给她手机的，等她考上大学之后我自然就会把手机给她，现在不行。"

"可是我们在教学中经常要用到手机。"

"有什么作业，麻烦您转发给我，我再告诉她就行了。"

之后我和这位家长就手机问题进行了多次沟通，终于弄清楚她没收孩子手机最主要的原因是怕孩子用手机去谈恋爱。

家长爱护孩子、保护孩子的心情我能够理解，但我不赞成家长没收孩子手机的做法。我和这位家长说："全班同学都能够使用手机，唯独她不能，她会怎么想呢？您至少要让她在家里用一下自己的手机嘛。"

"我就是怕她用手机和同学谈恋爱。"

"人家和同学说说话未必就是谈恋爱呀。她很有可能只是和对方谈谈心。在家里用手机怕什么，您就让她谈个够吧。"

"不行！"

我无言以对。

说服不了家长，我转向安抚被家长没收了手机的同学，我多次和这位同学说："你妈妈这种做法不可取，但她是因为爱你才这样的，你要理解她，不要因为手机而和妈妈闹别扭。"好在这位同学最终理解并谅解了妈妈，之后她专心学习，月考成绩一次比一次好。

这位家长的做法有点极端，但她的担心在家长中却普遍存在。不少中学生的家长一见孩子和异性走得比较近，多说了几句话，就紧张起来，担心孩子是在谈恋爱。其实，这种担心在很多时候是多余的。男女同学年龄相仿、经历相似，在同一个班集体中学习，有相同的老师和同学，有相同的学习内容，他们可以谈的话题有很多，他们可以谈老师、谈同学、谈语文、谈数学、谈英语、谈理想、谈未来……只要我们深入了解，就不难发现很多男女同学虽然无所不谈，但是他们谈的未必就是恋爱。作为家长和老师，我们不用禁止男女同学之间的正常交流，只需要引导他们暂时不要谈恋爱，告诫他们在交往的过程中把控好自己，不要越界，不要踩踏红线。

男女同学之间有交往，有交谈，这是再正常不过的事情。一发现孩子与异性有交往，有交谈，就把这种交往、交谈定性为谈恋爱而横加干涉，甚至采取极端的手段，切断孩子与外界的联系，这种做法不可取，处理不好会让孩子产生强烈的逆反心理。

各位家长，如果发现孩子经常与异性交谈，请先不要过于紧张，因为他们谈的未必就是恋爱。

（2018 年 11 月 17 日）

是的，他们真棒，我的学生真棒！

真 棒

学校拟在本月 24 日即本周六上午 9：30 召开高三年级家长会，接到通知后，我一直在想，开家长会要通知家长、确定主持人、布置会场……太多的事情要做了。好些年没有当班主任了，如何开好一场家长会，我心里没有底。我叫来班长梁汇源、班主任助手骆丁丁一起商量此事。

"你们的声音条件都很好，家长会就由你们来主持吧。"

"好的，没问题。"骆丁丁很乐意。

"主持家长会，这个很简单，我们把几个环节设计好就行了。"梁汇源很轻松地说。

接着他们商量家长会上要讲些什么，开头谁先说，中间怎样处理，结尾如何总结。

看见两位主持人这样轻松淡定，我觉得怎样开好一场家长会，他们比我更有信心，我便交代他们回去班里和同学们商量一下具体的细节。

看到别的班都准备了水果、饮料或者茶之类的东西，我才想起要准备点吃的东西给家长才行。

我问梁汇源要买点什么吃的，梁汇源说："这事我安排给生活委员梁如涛去做就行了，我们有班费。"

开一场家长会需要做的事情很多，偏偏在这个时候，勤快而细心的副班长李星宇有事请假回家了。如果他在学校该多好！"还有什么事情要做的呢？"我努力地想着。

差点忘记！开家长会之前要把家长接到教室里。我怕忘了这事，在上课之前就强调，每位同学负责把自己的爸爸妈妈接到教室。

　　"老师，不用每位同学都下去接家长，明天我们会搬一张桌子到一楼，并派两名同学举着牌子接家长。"副班长王文威说。

　　我想起来要做的事情，学生早就想到了，并且比我想得周全。家长会的事情就交给他们去安排，我只需要思考一下自己在会上应该讲些什么就行了。

　　因为我想把每一位同学的突出优点都告诉家长们，所以直到家长会开始前的几分钟我还在准备自己的讲话稿，其他准备工作都是学生去做的。

　　家长会由梁汇源和骆丁丁主持，他们按照事先设计好的环节安排各项活动，中间灵活穿插了三位老师、两位家长代表和一位学生代表的发言。整个过程有条不紊，各个环节衔接紧凑。两位主持人大方得体，将家长会主持得轻松自如。他们在主持的过程中表现出来的自信，给在场的老师、家长和同学留下了深刻的印象。

　　家长会结束后，副班长王文威把家长签到表、家长意见反馈表交给我。我这才记起之前忘记交代班干部要安排家长签到和写反馈意见。我忘记交代的事情，班干部都组织同学们做好了。这次家长会，是谁把桌子搬到一楼？谁举着牌子接待家长？谁把签名表发给家长？谁把矿泉水分发到每一位家长手中？——这些我都不清楚，我得问一问并一一记录下来，星期一班会课上好好表扬他们。

　　会后几位家长特意过来和我说：

　　"家长会开得很好！"

　　"两位主持人真棒！"

　　"高三（10）班的孩子们真棒！"

　　是的，他们真棒，我的学生真棒！

　　　　　　　　　　　　　　　　　　　　　　（2018 年 11 月 25 日）

大胆放手，既能锻炼学生，又能解放老师，可谓一举两得，何乐而不为呢？

大胆放手

昨天团支书莫龙胜打电话给我："老师，学校要求我们在班里拍一些图片上传给校团委，要用到电脑，我想借您的电脑来用一下。您在学校吗？"

不巧，我当时不在学校。

"那您可不可以向其他老师借一台电脑给我？"

"级组这么多老师，你去借一台用一下不就行了？快去借，锻炼一下自己。"我在电话里对莫龙胜说。

"好的。"莫龙胜爽快回答。

今天上午我问莫龙胜图片做好了没有，他说已经做好上传给校团委了。至于他向哪个老师借了电脑，我没有问他。

最近，高考报名的准备工作开始了，级组长要求班主任把自己班学生的身份证收齐交给教务处的黄老师派号。我觉得班里最适合做这个工作的是认真负责又细心的副班长李星宇，于是就把这个重要的工作交给了他。李星宇接到任务后，收齐全班同学的身份证，按照花名册的顺序排好，用橡皮筋束好交给黄老师。派号工作结束之后，他又把身份证逐一发回给同学们，整个过程没有出现任何差错。

11月24日举行的高三家长会，从主持到PPT的制作再到接待家长……凡是学生能够做的事情我都放手让他们去做。整场家长会，从筹备到结束，学生是主角，我是配角。家长会开得很成功，效果远远超出了我的预想。

在开展班主任工作的过程中，我常常放手让学生去做他们能够做的事情。高三的学生已经是十八九岁的小青年，很多事情他们都能够独立完成，只要老师大胆放手，学生会完成得非常漂亮的。学生能够做得了的事情，班主任还用得着事必躬亲吗？经常听到其他班主任喊累，其实我们完全可以做一个比较"轻松"的班主任。

大胆放手，既能锻炼学生，又能解放老师，可谓一举两得，何乐而不为呢？

（2018 年 12 月 1 日）

贫穷不可怕，贫穷可以是一笔财富！

贫穷可以是一笔财富

"3＋证书"高职高考报名开始了！第一次组织职中班的同学进行高考报名，我缺乏足够的经验，说实话，心里还是有点紧张的。

生怕学生在报名过程中哪里出了差错，我嘱咐学生了解清楚要求再填，不清楚的要记下来，问清楚再填，不能乱填。

今天第一节课是班会课，一上课同学们就问了各种各样的问题：

"考生类别选哪个？"

"联系人写谁？"

"个人简历是一年一年地填还是高中三年合起来填？"

"计算机考证还没有通过的怎么办？"

…………

"梦园，你先把大家的问题一一记下来，等一下你去教务处请教指导报考工作的黄老师，把问题问清楚后再回来告诉同学们。"

"好！"

从教务处回来后，韩梦园走到讲台上，解答同学们在报名中遇到的问题。

"大家听清楚，基本信息那部分，考生科类，我们是'3＋证书'，考生类别属于城镇户口的同学就选'城镇应届'，属于农村户口的同学就选'农村应届'，这里还有什么问题吗？没有问题往下看。"

同学们按照梦园的指导填写相关信息。

"联系方式那部分，联系人、收件人写自己。这部分大家清楚了吗？"

"梦园，毕业专业我们填什么？"

"美术设计与制作。"

"梦园，还没有拿到计算机证书的怎么办？"

"还没有通过考证的同学，请选'已报名还未取得证书'，然后点'下一步'。"

"个人简历那部分，我们是自 2016 年 9 月至 2019 年 6 月，如果有同学是从别的学校转来的，就要写清楚转学的时间，我们班有转学的同学吗？"

"梦园，请来一下。"

"梦园，这个选什么？"

…………

韩梦园在教室里来回走动，耐心回答同学们的各种问题。遇到她自己也不太清楚的问题时，就记录下来，再去教务处问清楚后回来告诉大家。在梦园的指导下，同学们顺利地完成了高考报名表中的信息填写以及相片的拍摄和上传。

在服务大家的过程中，梦园跑来跑去，我看见她额头上沁出一层细密的汗珠，同时也看见她的脸上写满了快乐。看她忙且快乐着，我打从心底里欣赏这个小个子的女生。

韩梦园品学兼优，是我们班的模范学生。她来自一个经济较为困难的家庭，但她性格阳光开朗，从不掩饰自己家庭的困境，更不因此而自卑。为了减轻父母的负担，梦园一直利用寒暑假去打工赚钱。这种经历，练就了她超强的工作能力，也让她具备了同龄人少有的吃苦耐劳精神。梦园妈妈心疼女儿，曾感慨说："穷人的孩子早当家，她也是被逼出来的。"我和她妈妈说："贫穷不可怕，贫穷可以是一笔财富！"

梦园真的把贫穷变成了一笔宝贵的财富！

（2018 年 12 月 3 日）

冲动真的是魔鬼！

冲动是魔鬼

今天上语文课时，第四组一位姓钟的同学和一位姓梁的同学居然打起架来！当时我正在给同学们讲解题目，没有注意到他们是怎么起了冲突以致打起架来的。他们打起来之后，我大声叫他们"住手"，班长梁汇源和几个男同学连忙去劝架，但这两位同学已经失去了理智，不顾一切地扭打在一起，大家好不容易才把他们给拉开。在拉扯的时候，梁同学右手大拇指被弄伤了。

我问他们打架的原因，他们各自都觉得自己没有错。

梁同学感到很委屈："我又没做什么，他就先动手打我，我当然要还手了。"

钟同学也觉得自己很有道理："他整天唠叨我去学车不学习的事。"

梁同学说："他用脏话骂人！"

钟同学说："他也用脏话骂人！"

我说："不管什么原因，打架就是你们不对！被唠叨和被用脏话骂都不能成为打架的理由！你们到德育处去吧。"

到了德育处，杨主任很惊讶："都高三了，要准备高考了，还有时间打架？"

即使在杨主任面前，两位同学依然坚持自己有理。梁同学说自己手指被打伤了，要上医院，于是我拨通了他们家长的电话。梁同学的爸爸火急火燎地赶来了，大概看到孩子没有大伤，情绪并没有激动。钟同学的爸爸说他正在地里摘瓜，无论如何也走不开。我觉得难以理解："孩子在学校里打架了，有什么事情比这个更要紧的呢？你可以叫别人帮你摘瓜呀！"我和钟同学的爸爸强调："孩子打架，您作为家长必须过来解决，您没空，就叫他妈妈来。"但钟同学的爸爸反复说："老师，老板的车已经开到地里了，我们真的走不开。"钟同学的家长来不了，我只好请梁同学的爸爸先回去，等钟同学的爸爸有空来学校再通知他。梁同学的爸爸很是通情达理，就先回去了。

杨主任指出两位同学做得不对的地方，还教育他们不要把事情进一步扩大。接着我也对两位同学进行了批评教育。我首先批评钟同学不应该动手打人，我对他说："他唠叨你，你不爱听，你可以和他好好谈，表明你的态度；你还可以求助班干部和班主任，让老师和同学帮助你解决问题。但是，你没有那样做，而是把怨恨累积在心里，最后忍无可忍就用拳头来解决问题。这是一种愚蠢的做法。"我接着也批评了梁同学："他在紧张的备考阶段去练车考车牌，本来就做了一件不太好的事情，你想帮助他也得讲究方法，他不喜欢你说这事，你偏要说，矛盾不就来了吗？"

在我们的耐心教育下，两位同学终于认识到自己都有做得不对的地方，并且表示以后一定不再打架了。我让他们回班里抓紧时间完成高考报名的签名确认。梁同学回去了，钟同学却站在那里欲言又止。

也许是后悔自己的冲动，也许是想到自己爸妈在家务农赚钱很辛苦，也许是想到自己在学校不好好读书还打架惹祸对不起爸妈，刚才说起打架的理由还理直气壮的钟同学此时眼圈红红的。

我问他："为什么不赶快回去签名，你还有什么想说的吗？"

钟同学说："老师，我爸爸要卖瓜，他确实是来不了，您把小梁爸爸的电话给我，我让我爸爸打电话和小梁的爸爸沟通一下，行不行？"

如果家长之间能够进行沟通，妥善处理好两位同学打架的事情，不用扩大事态，那是我求之不得的。我上下打量着钟同学，没想到他竟还有这样的头脑！

两位同学的家长通过电话沟通，最终决定妥善解决孩子的争执，各自教育好自家的孩子。今天晚上，我分别和两位家长进行了长时间的通话，他们都认为自家孩子有错，都表示会教育孩子遇事要冷静，不能再做出这样幼稚和冲动的事了。

其实打架的两位同学都是很好的学生，他们的优点都很突出。梁同学乐于助人，昨天有一个同学生病了，他带这位同学去看老中医，我正准备表扬他。钟同学热爱劳动，关心班集体，教室脏了，他带头打扫；有什么活动，他都积极参与，还常常献计献策。可是，两位同学这次打起架来却很吓人！

把两位打架的同学拉开后，我听到一个同学说："冲动是魔鬼！"

冲动真的是魔鬼！

（2018 年 12 月 6 日）

不吝啬对学生的赞扬，把学生的优点和进步广而告之，可以让他们走得更快更远。

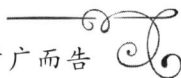

广而告之

作为班主任，我常常抓住时机，在不同的场合，通过多种方式表扬自己班里那些有进步、有闪光点的学生。

每次发现学生有进步、有闪光点，我总要在全班同学面前表扬一下他们，号召大家向他们学习。我还经常把学生的优点和进步告诉科任老师和级组长，和他们一起分享学生进步带来的快乐。高三（10）班的学生来级组室汇报工作的时候，我常常当着老师们的面，向级组长苏老师介绍这些学生的情况，特别是表扬他们的优点和进步。久而久之，老师们尤其是级组长苏老师记住了这些学生的名字，熟知了他们的优点和进步。自己的名字被老师们记住，自己的优点和进步被老师们熟知，这让他们在感到格外自豪的同时，也产生了更为强烈的向上向善的心理。

去年冬季在开家长会的前几天，我对班里的情况做了梳理，把每位学生的优点和进步一一记录下来。开家长会那天，我用了一个多小时，从不同角度表扬了高三（10）班全体同学。各位家长不但了解到自己孩子的优点和进步，同时也了解到别人家孩子的优点和进步。家长会后，学生的精神面貌有了较大的改观，他们更加努力，也更加自信了。家长普遍反映，孩子在家里学习更加自觉了，也变得更加懂事了。

我还创新班主任工作的方式，把学生的优良表现写进自己的文章中，随后把这些文章发表在我的个人公众号——"李雅生活语文"上，接着转发到班群、家长群、学校教工群、朋友圈。我要让大家都知道我的学生的优点和进步。去年8月份以来，我写了几十篇班主任手记，其中《榜样就在身边》《变成了男子汉》《看得见》《响鼓不用重槌敲》

《真棒》《贫穷可以是一笔财富》等多篇文章对学生各个方面的出色表现给予了充分的肯定和大力的表扬。这些文章让学生深受鼓舞，成为他们不断前进的动力。实践证明，不吝啬对学生的赞扬，把学生的优点和进步广而告之，可以让他们走得更快更远。

(2019 年 1 月 2 日)

一个人即使输了高考，也还是可以赢得人生的。

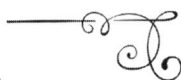

输了高考，却赢得了人生

随着今天上午英语考试的结束，2019 年"3＋证书"高职高考画上了句号。

中午，一位家长发信息给我说，她孩子考完出来感觉不太好。我回复她："没关系，说不定全省的考生普遍觉得难呢。"

接着，一位平时成绩很好的女同学连发几条信息给我："老师，我今早身体不舒服，考得很不好。

"这次三科都考差了。

"这么多年的努力全白费了。

"平时考得再好都没用，到重要时刻却考差了。"

我连忙回复几条信息安慰她："别气馁，到时看的是排名。你觉得考题难，大家一样觉得难。"

"你数学成绩很好，平时如果考了 120 分都觉得非常差，这次考 120 分就相当不错了。"

"不要太在意，考完试放松一下。"

"知道了，谢谢老师!"经过我的安慰，这位女同学郁闷的心情终于有所缓解。

我本想告诉高三（10）班所有考得不理想的同学：高考考不好未必是一件坏事情！但是，这时候说这话，学生不但可能听不进去，还可能会觉得老师是"站着说话不腰疼"，其实，这是我的切身体会。

1985 年 7 月，我参加了人生的第一次高考。高考结束后，经过漫长的等待终于放榜了。但是，令我非常难过的是，那次高考我榜上无名！当时，我报考的是非常热门的英语专业。我的文化课总分过了，但英语专业却差 2 分没上线。身边考得好的同学有的考上了华南理工大学，有的考上了华南师范大学，有的考上了吉林大学……而我连中专都上不了！擦干眼泪后，我选择了复读。

复读的时候，我冷静地分析了自己的情况，发现在所有的科目中，自己最喜欢的科目不是英语，而是语文。我热爱语文，很舍得花时间给语文。即使在高三最紧张的备考阶段，我仍然坚持读课外书，挤出时间来摘抄课外读物。语文才是我的最爱！虽然我的英语基础比较扎实，但我不喜欢朗读英语，英语总是读得费力而生硬。对我而言，报考英语专业其实是一个错误的选择，大学的中文系才是我最好的选择！

分析之后，我居然庆幸自己的落榜：没有机会上大学读英语专业，让我因此有机会去读自己最喜欢的中文专业。

经过一年的艰苦奋斗，1986 年 7 月，我第二次参加了高考。9 月，我终于如愿以偿地到大学里读自己最喜欢的中文专业。大学毕业后，我一直从事自己最喜欢的语文教学工作，因为喜欢，所以我能够心无旁骛，乐此不疲。在工作中，我常常不自觉地把平凡的语文教学工作视作一项不平凡的事业，并心甘情愿为之做出不懈的努力。三十年来，语文教学让我快乐，给我荣誉，增添了我的信心，充盈了我的生命。

难忘 1985 年！那年，我输掉高考，却因此赢得了自己喜欢的专业和喜欢的工作。可以毫不夸张地说，那年我输了高考，却赢得了人生！今天，我要用自己的亲身经历告诉学生，一个人即使输了高考，也还是可以赢得人生的。

（2019 年 1 月 6 日）

在学生即将离开爱周高中的时候，我第一次听到他们的歌声，第一次发现某些同学原来这么有艺术细胞，第一次发现我与他们原来都是音乐的发烧友。

歌声响起

上午，高考体检结束时已经 11 点多了。组织学生体检、坐车，忙了一个早上，我有点疲倦了，坐上车后又有点晕车，于是便闭目养神，不想说话。

刚开车的时候，一车的年轻人，大家有说有笑，非常热闹。在一片笑闹声中，我却迷迷糊糊的，只想快点回到学校。不知过了多久，车厢的后排响起了歌声。刚开始只是一两个同学在唱，接着是好些同学一起唱。他们唱了一首又一首。这些歌曲我是第一次听到，歌词虽然陌生，但旋律却很动听。尽管没有音乐的伴奏，但同学们的歌声自然、好听、富有感情。我被他们的歌声吸引住了，头脑一下子清醒过来。在歌声中，我觉得汽车开得飞快。

快要到学校时，坐在前排的莫龙胜和叶明超两人合唱了一首歌。这首歌我是第一次听到，觉得很好听，便问他们歌名。莫龙胜说："是《光年之外》。"

午睡醒来，我又想起学生在车上唱歌的情景，动听的歌声似乎还在耳边萦绕。我发信息给莫龙胜，让他把《光年之外》发给我听听。龙胜发来了邓紫棋唱的《光年之外》，打开一听，真的很好听。我第一次发现，在殷秀梅、董文华、阎维文、廖昌永等歌唱家之外，还有人的歌声这么好听。

晚上，生活委员梁如涛打电话来跟我说同学们准备给母校捐赠物品留念一事，我顺便问他今天早上是谁在后排唱了歌。

"是黄世鸿、孔水源和陈加驰他们。"梁如涛说。

梁如涛还说："老师，我们班不少男同学多才多艺，黄世鸿、孔水源、陈加驰等人歌唱得很好听；莫龙胜的吉他弹得很好，歌唱得也不错，他能自弹自唱；张展宏和叶明超是舞蹈社的，舞跳得挺棒的。他们很有才，只是平时没有机会表现而已。"

这些同学平时不显山不露水的，没想到他们能唱能跳又能弹。

于是我接着打电话给黄世鸿，让他把今天唱的几首歌发给我，原来是《我们的天空》《醉着醒》《好心分手》《往后余生》。欣赏着这些歌曲，我仿佛走进了一个崭新的音乐世界。

往后余生（节选）

往后余生

风雪是你

平淡是你

清贫也是你

荣华是你

心底温柔是你

目光所至

也是你

想带你去看晴空万里

想大声告诉你我为你着迷

醉着醒（节选）

站在公交车里

抓着摇曳的手环

我的命运啊

像他一样摇摆

抬头看见那

天边的晚霞

林深时见鹿

老树陪古屋

我遇见你

却没能让你留步

清晨时见雾

青草沾雨露

这些歌曲的歌词朗朗上口，旋律唯美动听。我一连听了几遍，觉得自己是如此孤陋寡闻，这么好听的音乐自己怎么从来没有听过呢？

高三（10）班的男同学中经常有人迟到旷课，班里发生的不好的事情大都与男同学有关，他们当中有不少同学无心向学，我经常批评甚至忍不住呵斥他们。在我的眼里，这些同学全身都是缺点。我不断变换方法与他们作"斗争"，但他们依然迟到，上课依然玩手机、睡觉，我没有什么好的办法，只能联合家长来迫使他们遵守纪律，但收效甚微。

今天，在学生即将离开爱周高中的时候，我第一次听到他们的歌声，第一次发现某些同学原来这么有艺术细胞，第一次发现我与他们原来都是音乐的发烧友。如果早点了解学生，早点发现我与他们的共同爱好，那么我与他们也许就会少很多对抗，多一些理解。

感谢他们，感谢今天的一车歌声。今天的歌声让我得到启示：在教书育人的过程中，除了批评，除了"告状"，应该还有更好的方式方法，比如听听学生的歌声、看看学生的舞蹈等。

（2019 年 1 月 9 日）

"我需要你的帮助。"记不清在当高三（10）班班主任期间，我对多少个学生说过多少次这句话了，我只记得，每次说这句话时都得到了学生的大力帮助。

我需要你的帮助

当上2019届高三（10）班的班主任以后，我对这个班的很多学生说过"我需要你的帮助"这句话，也因为这句话，我得到他们的鼎力相助，顺利地完成了班主任的各项工作。

2018年8月份接受高三（10）班班主任工作之后，我根据该班的情况，决定选一名有号召力的同学当正班长，我想到了梁汇源。当我把自己的想法告诉梁汇源时，他连说了几个"不"字。我同他分析了班里和他自身的情况，让他认真考虑一下我的提议。我看见他有点犹豫，就对他说："我现在需要你的帮助。"听我这样一说，梁汇源不再犹豫了，爽快地说："好吧，我会努力做好工作的。"接下来高三（10）班在班长梁汇源的带领下，凝聚力增强，进步飞快，令人刮目相看。

骆丁丁曾在高一、高二时当过正、副班长。她曾对我说过，在高三她什么都不想担任了，只想专心学习考大学。可是，当我对她说"你来当我的班主任助手兼语文科代表吧，我需要你的帮助"时，骆丁丁没有拒绝，此后她成为我最得力的助手，在班主任工作和语文教学方面给予我很大的帮助。

我记得很清楚，去年高三家长会召开的前两天，我的PPT还没有做好，手头的资料少之又少。一个同学见我犯愁，对我说："您找陈祺隆吧，他会做PPT。"我把陈祺隆找来，焦急地对他说："我需要你的帮助，你能不能帮我制作家长会的PPT？"陈祺隆说："没问题。"第二天，陈祺隆交来了令我非常满意的PPT。

有几个学生经常迟到早退，我多次找他们谈话，对他们进行批评教育，可是效果不明显，谈话后的一两天他们的表现还不错，但过了几天，他们就又迟到早退了。后来，我改变了方法，分别对这几个经常迟到早退的学生说了同样的一番话："你老是迟到早退，学校领导老是批评我这个班主任管不好学生。你如果遵守纪律，学校领导就不批评我了，我现在需要你的帮助！"这几个学生真的帮助了我，此后他们极少迟到早退了。

"我需要你的帮助。"记不清在当高三（10）班班主任期间，我对多少个学生说过多少次这句话了，我只记得，每次说这句话时都得到了学生的大力帮助。

（2019 年 1 月 20 日）

虽已年过半百，但能够与年轻的学生一起学习，一起成长，互相成就，这是一种怎样的收获和幸福啊！

收　获

今天下午五点就可以查询 2019 年高职高考成绩了！五点刚过，高三（10）班的学生纷纷把他们查询到的结果发给我。

庄凤清上线了！

骆丁丁上线了！

王小韵上线了！

陈国辉上线了！

李建龙上线了！

叶明超上线了！

接着，传来更多的喜讯：莫华明上线了，莫龙胜上线了，梁宗坤上线了，叶希龙上线了，黄金花上线了，梁南劲上线了，钟武泰上线了，陈加驰上线了……

喜讯一个接着一个，到了晚上九点左右，共有 32 位学生的高考成绩超过了大学的录取分数线，其中庄凤清、王小韵、莫华明、莫龙胜、梁南劲 5 位学生的分数超过本科线，另外有 27 位学生的分数超过了专科线。也就是说，在 2019 年的高职高考中，高三（10）班的大学上线率是 72.7％！

稍晚一点，我了解到其他没有上线的学生的分数也非常接近专科的录取分数线。往年高职高考补录线一降再降，估计今年也不会例外。对比以往高职高考的录取结果，高三（10）班几乎所有人都有希望上大学！

这样的高考成绩让我兴奋得难以入眠。想当初，这个班的学生中考成绩并不理想，他们入读爱周高中时的成绩大都是在 350 分左右，与普中班同学相比，他们的文化课基础并不好，很多家长不敢奢望自己的孩子能考上大学。进入爱周高中以后，在新的起跑线上，他们不甘落后，奋起直追，积极参与"翻转课堂"教学改革，成为课堂的主角；他们经过自主管理的反复磨炼，培养了主人翁意识和锻炼了超强的工作能力；他们见证了学校信息化技术与教学的深度融合，拓宽视野，步入更加广阔的天地……经过刻苦学习和不断磨炼，他们成功地实现了低进高出的华丽蜕变。在不久的将来，他们将带着满满的自信，踏上新的征程，开启新的人生。

高三（10）班的学生收获满满，我又何尝不是呢？作为他们的语文老师，我与他们一起开展"翻转课堂"教学，共同努力，教学相长；作为他们的班主任，我陪伴他们成长，见证了他们的蜕变，同时也收获了很多快乐，更收获了深厚的师生情谊。在他们的帮助下，我的语文教学得以顺利开展；也是在他们的配合和支持下，我顺利地完成了班主任的各项工作。自从担任（10）班的班主任以来，我写下了几十篇班主任手记和多篇教学反思，迎来了自己教学生涯的又一个巅峰时期。

虽已年过半百，但能够与年轻的学生一起学习，一起成长，互相成就，这是一种怎样的收获和幸福啊！

（2019 年 1 月 31 日）

第二辑

教育叙事助力语文教学

　　从 2015 年到 2019 年，我一直在湛江市爱周高中担任职中班的语文教学工作。职中班大多数同学的语文基础不是很好，学习的积极性也不是很高。为了提高学生学习语文的积极性，在这 5 年的时间里，我用写作教育叙事的方式来助力语文教学工作，取得了良好的效果。

春风化雨，"翻转"花开。接下来，我会继续浇水、施肥，让"翻转"的花儿结出甘甜的果实。

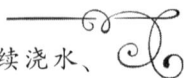

"翻转"的花儿慢慢开

一、移花接木，初步尝试

按照学校"翻转课堂"教学改革的要求，我反思自己多年来的教学工作，感觉自己的语文教学存在三方面的问题：

（1）最令我头疼的是，语文课上经常有学生睡觉。有那么几个同学睡得太久了，我实在看不下去，从讲台上下去敲他们的桌子进行干预，可一转身回到讲台他们又趴下睡了。那种情形真令人沮丧。

（2）学生不积极参与课堂活动，相当一部分同学上课时不开口、不动笔、不思考，课堂气氛相当沉闷。

（3）学生缺少使用工具书的习惯。全班同学共用三四本字典、词典。当遇到不懂词语的读音、意义的情况时，他们不是积极查字典、词典，而是等待老师解答。由于找不到切实有效的方法，学生学习的积极性一直调动不起来，让学生自主学习的新课标理念在语文课堂成为一句空话。

2015年8月7日，学校组织全体高三老师去阳东一中取经。阳东一行，让我大开眼界。在阳东一中听了四节语文课后，我发现了自己课堂教学不尽如人意的根本原因：自己讲得太多，没有放手让学生自主学习。听完两天课后，我和同教职中班高三（6）班的林汛丹、余海蓉两位老师进行了交流，我们都觉得阳东一中的做法很值得学习。取经回来之后，8月9日星期天晚自习时间，高三（6）班把课桌分三组纵向排列，8月10日星期一就把阳东一中的上课模式移植过来，尝试"翻转课堂"教学模式——把课堂变成学生的舞台，让学生变成舞台上的主角。尝试"翻转课堂"后，有几大变化令我喜出望外：

（1）一个星期下来，高三（6）班语文课最大的变化就是上课时几乎不再有学生睡觉，以前上课经常睡觉的几位同学，颠覆了以往的负面形象，变成学习积极分子。他们课前积极学习，课堂上抢抓机会上台抄题或解说，变化之大，令人惊喜。

（2）由于学生学习热情空前高涨，课堂一扫以往的沉闷。

（3）学生开始有了使用工具书的意识，不少同学主动购买字典、词典，现在他们遇到不懂的词语随手就查，不再像以前那样等着问老师。

经过一段时间的实践，高三（6）班语文课初步形成以下模式：

（1）老师备好题目让学生课前学习，由小组长组织讨论并汇总小组的学习成果。

（2）让小组长抽取要解答的题目。

（3）各小组的代表上台把他们要解说的题目抄到黑板上（抄还是不抄，视情况而定）。

（4）各小组负责解答的同学上台给大家解说。难度不大的问题都由学生来讲，老师只是在学生出现思维卡壳时进行适当的点拨，目的在于引导学生突破学习难点。

这样的课堂，学生积极参与，效果当然比老师唱独角戏要好得多。9月15日我上了一节写作公开课，基本上采用了上述模式，主要是学生讲，我只是在学生修改习作普遍感到困难时，给他们适当的提示，让他们茅塞顿开，从而顺利地解决问题。参加观摩的领导和老师对我所做的尝试和取得的进步普遍给予了充分肯定。

二、花蕾初露，协同成长

"翻转课堂"有一个很重要的观点就是让学生成为课堂的主体，教师不再是课堂里的主讲者，只是起引导作用。最初听到这些观点时，我很不以为然，心里一直怀疑其可行性：老师讲得较少，让学生主讲，他们能讲得清楚吗？阳东一中的经验告诉我们，他们的学生能！现在高三（6）班的教学实践证明，我们的学生也能！"翻转课堂"在高三（6）班实施以来，得到全班同学的积极响应，他们抢抓机会，争取上台去当一回"老师"。陈淑珍同学多次代表小组上台解说，讲得特别好。她经常一边讲，一边板书，条分缕析，很有老师范儿。有一次陈淑珍同学解说得特别棒，同学们两度自发给她掌声。陈淑珍同学的良好表现大大地鼓舞了其他同学，大家认真准备，不断实践，越讲越好。现在全体同学在讲解方面都有了较大的进步。陈淑珍、黄青青、郭琼珍、郑平洲、梁集汇、梁梦婷、李凯、陈燕飞、黄玉娴、吴曼萍、冯微容、李妙霜、吴珊珊、林铃等同学在讲解方面表现突出；符海立、陈东兴、林德辉、王国文、李志明、朱晓明、孙伟佳、周木梨、周琪琪、陈昌德等同学经过上台练习，进步很快；李光耀、梁元、陈国聪、冯晓华、陈树国、骆世硕、刘腾、王文杰、李茂冲、杨世创、陈家富、刘付秋、胡金燕等同学以前不怎么敢上台做练习，这段时间在老师和同学的鼓励下，克服了心理障碍，消除了紧张情绪，终于勇敢地站在讲台上和大家分享学习成果。

课堂上老师少讲，安排时间让更多的学生上台讲解，这种做法其实是遵循了学习规律的。学生要掌握一门知识、培养一种能力，必须经过反复的练习。老师讲得再好，学生不练习，也无法真正获取知识，更无法形成能力。广播站的同学字正腔圆，学生会的干部口才出众，是因为他们有无数次练习的机会。一名学生一个星期哪怕仅有一次上台练习的机会，一年下来，这名学生也会有非常大的变化。学生第一次上台可能会语无伦次、手足无措，但经过多次练习后，将会变得落落大方、信心满满。

在实践中，我发现使用"翻转课堂"教学模式能大大激发学生学习的积极性。台上表现得如何，取决于讲解者对知识掌握的熟练程度。在台上，要讲得出来，起码要懂得解题步骤和答案；要讲得让大家明白，就得非常熟练，且要理解知识；要讲得精彩，就得对知识点融会贯通。为了能在台上有最佳的表现，学生课前很乐意花时间去学习老师布置的内容。最近，我检查了大家的语文作业（第一轮复习用书中的练习）情况，发现有32位同学出色地完成了作业。这些同学不是简单地选出答案应付了事，而是对答案做了详细的分析；另外有5位同学的作业还有不少需要改进的地方。后来，他们在小组长和科代表的督促下也都较好地完成了作业。这个班在高二时，只有几位同学能按照要求完成语文作业。从对待作业的态度，我们不难看出该班同学在新的教学模式下，学习的积极性有了很大的提高。所以，我们应该痛下决心，把课堂还给学生。把课堂还给学生，就能让他们有更多练习、成长的机会；把课堂还给学生，就能充分地调动他们学习的积极性、主动性，就能让"要我学"变为"我要学"。

在实践中，我还发现"翻转课堂"教学模式能充分挖掘学生的潜力。实践证明，把课堂还给学生，让学生成为学习的主体，能极大地激发学生学习的热情，使他们的潜能得到充分发挥。高三刚开学时，我发现同学们有大量的字不懂读、不会写，有大量常见的词语、成语以前没见过，更别说理解和运用了。针对这种情况，我当时下决心要把好中学的最后一道关口，帮助学生把我们母语中最基础的知识掌握好。我认为，学生基础不好，高三这一年能把基础知识掌握好就很不错了，不敢有更高的要求。可是，在最近的教学实践中，我发现我们的学生——这些十七八岁的年轻人——有很大的潜力等待我们去挖掘。以前我低估了自己的学生，老是觉得他们基础差，能力不够强。现在给他们一个平台，我看到了别样的他们。前段时间复习成语，我要求学生掌握80个成语的意思和用法。这种要求，如果按照以前那样教学，全班没有一个同学能达标。但是，现在就不一样了。按照新的教学模式，学生先在课前以小组为单位进行交流学习，接着在课堂上以讲解的形式分享课前学习成果，之后科代表组织三个小组长再对几节课所学的成语进行总结，把80个成语的解释汇总起来，交给打字组打印出来发给我，我整理成一个专题——《我爱朗读·成语解释》，最后印发给学生。经过这样的学习，绝大多数同学能够熟练地掌握这80个成语。把课堂还给学生，让他们有足够的时间与机会去自主学习，他们就能创造奇迹，不断给老师和家长带来惊喜！我们完全有理由相信，高三（6）班如果能把"翻转课堂"的实践进行到底，2016年6月毕业时，这批年轻的学子一定能够采摘到硕大而甜美的果实！

自开学以来，我把学校提出的"以人育人，协同成长"的办学理念付诸实践。在"翻转课堂"教学实践中，同学们表现出来的团结互助精神令我十分感动。现在高三（6）班的语文课经常有自发的掌声响起，掌声不仅献给课堂上表现出色的同学，还送给课堂上表现欠佳而需要鼓励的同学。掌声中有真诚的喝彩、有热情的鼓励，在轻松愉快的氛围里，同学们不但收获了知识，也收获了友情。在课堂上同学们配合默契：他们把更多抄题的机会，让给字写得不好的同学；把更多解说的机会，让给不善言辞的同学。大家一起学习，一起讨论，一起成长。在这个过程中，同学们互相帮助，同时也见证了对方的成长与进步。我想，高三这段难以忘怀的岁月一定会成为他们人生中美好的回忆。

实施"翻转课堂"两个多月后，我发现自己也成长了不少。

"翻转课堂"教学模式让我获得了更多的教学自信。我把课堂还给学生的同时，也把自己解放了出来。这样，我可以用更多的时间去阅读、备课。在教学之余，我重读文学经典《红楼梦》，同时还阅读了《蒋勋说红楼梦》（第一——八辑），大大开阔了我的教学视野；我还可以用更多的时间去突破教学的难点。采用新的教学模式后，容易的问题，学生自己解决，一个人解决不了，就小组讨论解决，一般不需要我参与。现在，高三（6）班语文课的教学内容是语文基础知识，而我备课的内容则是难度较大的诗歌鉴赏。为了突破诗歌鉴赏这一教学难点，这段时间我几乎每天都在读周啸天主编的《唐诗鉴赏辞典》，已经做了2万多字的读书笔记。也就是说，采用"翻转课堂"的教学模式后，我可以把更多的时间和精力用来攻坚克难，不断地提高我的教学水平。开阔的视野、不断提高的教学水平让我在教学中更加自信了。

"翻转课堂"教学模式让我的教学更具针对性。我教了这批学生两个学期，仍然不太清楚他们的学习情况，但采用"翻转课堂"的教学模式后，学生在课堂上动起来，让我清楚地了解到他们中谁讲得好，谁的字写得好，谁需要更多的机会去练习讲解，谁需要更多的机会去练习写字，谁课前学习认真，谁需要温馨的提醒……这样，教学就避免了盲目性，学习效果也就更好了。

"翻转课堂"让我对自己的学生有了全新的认识。自"翻转课堂"活动开展两个多月以来，我得到同学们的大力支持和帮助。打字组组长黄青青同学在短短的时间里组织同学们帮我打印了几万字的教学资料；语文科代表郭琼珍同学帮我组织常规的教学工作，让我有更多的时间去把课备得更充分；陈燕飞、李妙霜和郑平洲三位小组长在小组的学习讨论中发挥了至关重要的作用。另外，梁集汇、孙伟佳等同学也给了我很大的帮助。梁集汇同学以前不怎么努力学习，上课经常玩手机，还经常说怪话。现在他学习非常认真，进步很快。更为难能可贵的是，梁集汇同学经常在课堂上大胆质疑，成为高三（6）班"翻转课堂"的一道特别的风景线，他提出的质疑也进一步完善了我的教学方案。孙伟佳同学的字写得好，他认为黑板字进步了并不代表硬笔字也写好了，要写好硬笔字，还得练字帖。这点我以前没有注意到，孙伟佳同学深刻的见解给了我很大的启发，现在我准备把练字帖引进语文教学中来。正是在师生团结协作的过程中，我发现我们的学生是一群有思想、有能力、有追求、有潜力、有着美好前程的年轻人。过去，我仅把他们当作学生，自"翻转课堂"开展后，他们当中的许多人变成了我的助手和老师。

在新的教学模式下，我与学生一起学习，一起成长，一起走向成熟。我感谢这种新的教学模式，更感谢高三（6）班的全体同学！

三、精修细剪，逐步完善

自"翻转课堂"活动开展以来，学生的学习态度、学习行为发生了根本性的转变，全体学生都有了较大的进步。但是，也存在不少的困难和问题，我积极面对和研究，逐步细化教学策略和教学过程设计，帮助学生在改变中不断完善自我，进而逐步提升"翻转课堂"的教学效果。

问题一：无论课前还是课堂上，小组讨论还不够充分。

对策：让学生懂得小组讨论对学习的重要性，有意识地培养他们的协作精神。

问题二：有一些同学学习不够自觉，经常在自习课和晚自习时打游戏、玩手机，未能按时完成老师布置的学习任务单上的任务。

对策：个别谈话，温馨提醒，并多给这些同学上台的机会，让他们参与其中，尽快进入学习状态。

问题三：大多数同学能积极上台抄题和解说，但很多时候没有认真听别人解说。

对策：指出不认真听讲是对台上解说同学劳动的不尊重，关系到听者的修养问题，要求大家提高修养。另外，让同学们明白"听"的重要性：听别人解说，是一种非常好的吸纳方式，听得越认真，收获就越大。

问题四：遇到难题就绕开。

对策：指出在学习上要想有进步，就得迎难而上，突破难点。我还准备把学习任务单中的大题、难题化为一个个小问题，降低学习难度，让同学们"跳一跳，够得着"。

四、春风化雨，"翻转"花开

8月以来，随着"翻转课堂"教学的逐步开展，"翻转课堂"先进的教学理念也逐步走进学生的心中，他们积极参与，大胆实践，语文学习有了明显的进步。

【林德辉】自从我们班改变了以往的上课模式后，我整个人改变了许多。我变得积极了，而且也懂得如何去学习。我找到了学习的动力，这让我能坚持走到底。

以前我从未敢上讲台做练习，也从未敢站起来回答问题，李老师改变上课模式之后，我慢慢地克服了这些弱点，而且也学会了勇敢。我对这学期的"翻转课堂"有很多感悟，感谢李老师，让我整个人充满活力。

【郭琼珍】以往在课堂上都是老师一个人讲，我们做笔记，课后回去做练习。现在，课堂上老师布置好作业，我们课后回去预习，上课时，我们班的"小老师们"就会一个个上台给同学们讲解。

自从实施"翻转课堂"之后，同学们更加积极了，上课听讲非常认真，课后也很努力地复习和预习。同学之间的沟通更加频繁，遇到不懂的难题大家一起解决，以前上课爱睡觉、爱开小差的同学现在也变得很积极，会上台回答问题，讲解题目。

【黄青青】我个人认为，自从我们班改变以往的上课模式之后，同学们的学习积极性提高了很多，语言表达能力也得到了很大的提高。以前我们班学习气氛并不是这么浓厚的。以前上课，许多同学没有进入学习状态，因为他们觉得整天听老师讲个不停很枯燥，因此他们常常在上课时开小差。但现在换了一种上课方式后，同学们都变得很积极，遇到不懂的生字，会主动地去查字典。在上课时，同学们都很踊跃地回答问题，认真做笔记。在李老师的这种教学方法的引导下，同学们的改变确实挺大的，比如，林德辉、梁集汇、郑平洲等同学，他们以前是属于开小差的群体，但自从改变了上课模式和在李雅老师的督促下，他们都开始积极主动地去学习。因此，我觉得"翻转课堂"对同学们的学习还是挺有帮助的，在这种教学模式下，同学们能够更专注并且更加主动地去学习。

【陈淑珍】我认为"翻转课堂"模式的科学之处在于打破了积习，改变了教学模式。从老师单方面在课堂上讲解知识转变为学生主动学习并积极参与到小组的合作交流当中，讨论过后学生还会积极上讲台发言。这一方面让学生拥有更多的锻炼机会，从而调动了学生的积极性，激发了学生的学习兴趣；另一方面，增强了老师和学生之间的沟通，增进了师生情。

【李志明】如今的"翻转课堂"和以前的课堂相比，我们的活跃度提高了，每个人都能够上台回答问题，改变了以前事不关己的心态。虽然现在每个人轮流上去讲耗费的时间比老师单独讲的时间更多，但是这样能确保每个人都在认真听讲，因为只有当每个人都有了要完成的任务，才会认真准备和专心听课，不像听老师单独讲那样积极性不高。总的来说，我对"翻转课堂"的感受还是不错的。

【郑平洲】"翻转课堂"让我见识了前所未有的教学模式。以前的教学模式是老师在课堂上讲课，布置作业让学生课后练习。而"翻转课堂"则恰好相反，学生在课前要预习好上节课老师布置的任务，然后抽签上台把问题一一解答出来，如果有讲错的地方，老师和同学们都会帮忙纠正。

"翻转课堂"教学模式的实施，给我们的学习提供了很大的帮助，比如说，以前不爱学习的人现在慢慢地开始学习了。上课时老师和同学、同学和同学之间积极讨论，同学们还能站上讲台当几分钟小老师。

"翻转课堂"可以调动同学们的学习互动性，激发同学们的学习兴趣，所以对大家的学习有很大的帮助。

【符海立】今年学校进行全面的课堂大改革，那就是"翻转课堂"。"翻转课堂"可以说是教学上的一大创新，它给我们班带来的改变是非常明显的。老师给我们提供了很多表现的机会，大家甚至能够上讲台去当小老师。在新的教学模式下，同学们回答问题更主动了，讨论问题也更积极了。因为是以小组为单位进行学习的，大家不想被其他组超越，所以都积极回答问题，而我被这种浓厚的学习气氛所感染，也变得努力起来。现在，全班的学习氛围特别浓厚。

【陈燕飞】刚开始我是反对"翻转课堂"的，但后来又慢慢地喜欢上了。老师还让我当小组长。这些年来，我从来都没有担任过任何班干部，一直都是班级里的"群众"，第一次当上小组长，感觉有了一丝丝的不同，原来我也可以管理别人。"翻转课堂"给了我挑战，也给了我一次改变自己的机会。

自从在"翻转课堂"上担任小组长后，我看到了一些组员的改变，他们比之前更努力、更认真，没有像以前那样贪玩了。我的同桌以前对学习总是马马虎虎、敷衍了事，上课总会开小差，而现在的她却有了很大的改变，我居然在宿舍看到她拿起书来学习，还早起读书，放学了还会念叨课堂时间过得太快。看到她对学习产生了兴趣，我真替她高兴。还有林德辉，当初调皮的他，如今也会为了上大学而努力奋斗。"翻转课堂"对他的帮助真的很大，一直不敢上讲台做题的他，现在能勇敢地上台说明自己解题的思路，每次做题也都能积极对待。课堂模式改变了，大家也发生了改变，作为小组长的我，为他们的改变感到高兴，大家都在慢慢变好，希望"翻转课堂"这种方式能延续下去。

春风化雨，"翻转"花开。接下来，我会继续浇水、施肥，让"翻转"的花儿结出甘甜的果实。

（2015 年 10 月）

> "好友"这个名称真好。

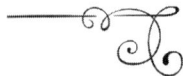

"好友"真好

大约是开学一个月的时候，有学生加我的微信。此后，我所教的两个高一职中班的学生陆续成为我的微信好友。与学生成为好友后，微信成为我与学生沟通的桥梁，也拉近了我与他们的距离。今天我几次使用了"好友"一词。

早读课，我走进高一（11）班。坐在后排的吴敏龙不知道为什么那么困，大清早别人读书，他却睡着了。我走过去，敲了敲他的桌子："敏龙好友，读书吧！"吴敏龙醒来，拿起了《全优课堂》跟着大家读了起来。"柯亮好友，不要睡觉了！"早读课上，我的一声"好友"同样驱走了莫柯亮的睡意。

第六小组的 8 位同学都是我的微信好友。最近，其中几位同学的状态不是很好，今天上课之前我对这组的几位微信好友说："好友们，从今天开始，大家认真学习，争取在期中考试中拿个好成绩，怎么样？"

"好！"好友们大声回答，并付诸行动，在接下来的朗读中，我听到了他们洪亮的声音。

晚自习的时候，吴德怀与同桌说话，我走近他，说："德怀好友！……"我后面的话还没说完，吴德怀笑着伸了伸舌头，不说话了。

"好友"这个名称真好。

（2016 年 11 月 8 日）

　　　　因为和学生有了这样的约定，我对一个月后的家长会
充满了期待。

我和学生有个约定

　　上午在高一（11）班上课，我让同学们先读一读语文基础知识。虽然期中考试在即，可是有一部分同学没有一点紧迫感，别的同学大声朗读，但是他们却有的在睡觉，有的在玩手机，有的在说话。看到这种情景，我心里感到很不舒服。

　　我叫停了朗读，对同学们说："快要期中考试了，我们的课堂还这么散漫，期中考试之后就要开家长会，大家说，到时候我该怎样同家长反映大家的表现？有的同学不是睡觉就是玩手机，要不就是说话，我把你们这样的表现告诉家长行不行？"

　　"老师，不要啊！"

　　"那样我们就死定了！"

　　有一个同学甚至说："老师，您的一句话就会毁掉一个家庭！我爸知道要打死我的！"

　　"那我该怎么说？"

　　"您就说我们偶尔睡觉，偶尔玩手机，偶尔说话咯。"

　　"你们是偶尔那个样子吗？如果我不把真实的情况告诉家长，那我不就是和你们联合起来欺骗家长了吗？"

　　这时教室一下子安静了下来。

　　我对学生说："这样下去不行，你们得有所改变！"很快，下课铃响了。唉，这节课的教学任务又没办法完成了！

　　下课后，回想与学生的对话，我发现，学生还是挺在乎家长的看法的。既然他们这么在乎家长的看法，我为什么不把家长会作为一个教育

的契机呢？

晚自习的时候，我去高一（11）班和同学们继续讨论家长会上该怎么向家长汇报的问题。我说："家长会大约在12月上旬开，距离现在还有一个月的时间，我们为什么不努力改变自己，用良好的表现向家长汇报呢？如果大家在接下来的时间里上课不睡觉、不玩手机、不说话，那么以前在课堂上的那些不良表现可以一笔勾销，我只向家长汇报你们从现在开始的良好表现，怎么样？"

"好！"学生一致同意。

"那我们就约定好了，从明天开始大家上课不睡觉、不玩手机、不说话，家长会上我就表扬大家。"

林泓呈是高一（11）班较有影响力的一位学生，他这段时间学习不够自觉，课堂上有时会开小差。我走近他，对他说："泓呈，明天开始上课不要睡觉了。"

"OK！"

"也不要玩手机了。"

"OK！"

"也不能说话了。"

"OK！"

林泓呈连说了三个"OK"，态度很不错。

接着，我去了高一（10）班，把自己的想法和同学们说了。他们也很赞同，也和我有了下面的约定：接下来这段时间上课不睡觉、不玩手机、不说话，争取用良好的表现向家长汇报。

因为和学生有了这样的约定，我对一个月后的家长会充满了期待。

（2016 年 11 月 15 日）

学生装认真，说明他们还想认真。

装久成真

有一天，一位负责检查"三读"的老师对我说："李老师，你们高一（11）班的学生不读书，我去督促，他们才开始读《山居秋暝》。"

过了几天，另一位检查"三读"的老师和我说："我走近高一（11）班时，听到他们读'山居秋暝——空山新雨后，天气晚来秋'，我走远一点他们又不读了。"

我去检查他们的读书情况，发现他们也在读"山居秋暝——空山新雨后，天气晚来秋"。

《山居秋暝》是必修3古典诗歌单元的第一篇。为什么老师去检查时，这个班的同学都在读"山居秋暝——空山新雨后，天气晚来秋"呢？老师们巡查多次之后发现了一个秘密：高一（11）班的同学在假装认真读书，老师一来就读诗歌单元的第一篇《山居秋暝》，一走就不读书了。

经常有老师笑着对我说："李老师，你的学生又在读'山居秋暝——空山新雨后，天气晚来秋'了。"听多了，我和老师们说："拜托各位，到（11）班检查时请大家在那里停留久一点，看他们还怎么装！"

我对高一（11）班的同学说："老师们在巡查各班读书情况时，发现大家在假装认真读书，每次老师来时，你们就大声读'山居秋暝——空山新雨后，天气晚来秋'，老师一走，你们的声音就小了，甚至不读了。老实说，你们是不是这样呢？"他们听了，你看我，我看你，都笑了起来。我接着说："同学们，书是读给你们自己的，你们为什么要假装认真读书呢？如果以后你们还要继续装认真，那就请大家一定要装久一点，'假认真'装久了就会变成'真认真'了。"

我的话他们应该是听进去了，后来巡查"三读"的老师都说，（11）班的同学读书认真了许多，不再只是读《山居秋暝》了。

班里有一位男同学沉迷于游戏，自习课、晚自习甚至平时上课时都经常打游戏。每次他打游戏时，我一走近他，他就立即把手机收好，拿出书本装模作样地"看"起来，我一走远，他又低头打游戏了。他在装认真！为了让他的"认真"能装久一点，上课时我经常站在他身边，晚自习时我干脆搬一把椅子坐到他身边。这样多次之后，这位沉迷于游戏的同学终于能够比较认真地学习了。

学生装认真，说明他们还想认真，但是，因为懒惰、贪玩一时做不到认真，所以只好装认真。这种情况下，如果老师想办法让他们把"认真"装久一点，慢慢地，这种假装出来的"认真"也许就会变成真认真了。

（2016 年 11 月 19 日）

讲，然后知不足；讲，然后不满足。知不足，不满足，会促使学生努力讲得更好。

讲，是讲好的前提

在开展"翻转课堂"教学的过程中，我经常安排"展示学习成果"这个教学环节，让各个学习小组派代表上台讲解他们小组的学习成果。

上台讲解学习成果，对学生来说是一种很好的锻炼。但有一次，一个学生对我说："老师，我讲得不好，所以不敢上去讲。"听他这样说，我知道他信心不足，于是便鼓励他，说："正因为你讲得不好才要上台去讲，如果你讲得很好了，就没必要上去讲了。为什么广播站和学生会的同学讲得那么好呢？就是因为他们练得多，如果你们练习多了，也会像他们那样棒的。"

自从高一两个职中班开展"翻转课堂"教学以来，有一批同学积极参与其中，抓住机会大胆上台锻炼。因为敢于上台锻炼，他们的能力得到不断提升。

高一（11）班的梁文杰同学第一次上台只讲了一句话，就下去了，我带头为他的勇敢鼓掌。第二次，他讲了三句话就讲不下去了，我带头为他的进步鼓掌。第三次，他是那堂课最后一个上台展示学习成果的同学，上台之前，他说："资料上的内容都被其他同学讲了，我能不能用自己的话来介绍一下杜甫？"听了梁文杰的话，我非常高兴，说："当然可以！"他不看资料，大大方方地看着台下的同学侃侃而谈："我觉得杜甫是一个不幸的诗人，为什么这样说呢？因为他生活在安史之乱那个年代……"梁文杰足足讲了六七分钟，条理清晰，流畅自然。他一讲完，同学们都自发地为他鼓掌。

高一（10）班的韩梦园同学是一个很文静的女孩子，不善言辞。

— 81 —

刚上台的时候，她的声音很小，也不敢抬头看讲台下面的同学。但是她很珍惜上台锻炼的机会，每次上台之前都做了充分的准备。她先是认真地朗读自己课前准备好的发言稿，慢慢地她不再满足于照着资料读了，开始尝试脱稿对着同学们讲。随着练习次数的增多，她越来越自信，越讲越好。上个星期我让大家抢抓机会，上台谈谈律诗的押韵和对仗。韩梦园面带微笑，第一个走上讲台。她先用笔圈出杜甫《登高》的韵脚，然后说："这首诗押韵的字有五个：哀、回、来、台、杯。按照规定，律诗中偶句一定要押韵，也就是二、四、六、八句一定要押韵，首句可押可不押，这首诗的首句是押韵的。"讲完押韵，她接着讲对仗："律诗中间两联，也就是颔联和颈联要对仗，这首诗比较特殊，四联都对仗了。"她边讲边画出两两相对的词语。同学们都被梦园的讲解吸引住了，她一讲完，教室里响起热烈的掌声。韩梦园不俗的表现给我留下深刻印象，有时在备课的时候，我会想起这个文静的女同学在课堂上的表现，想着想着，不自觉地笑了。她让我感到欣慰，也给了我希望，让我对"翻转课堂"教学充满了信心。

今天，高一（11）班有一位同学上台给同学们讲解《琵琶行》，这是他入学以来第一次上台分享自己的学习成果。讲解过程中，他的声音很小，满脸通红，才讲几句就下去了。但是教室里依旧响起热烈的掌声。我想，今天的上台经历还有同学们鼓励的掌声，一定会给这位同学留下难忘的记忆。我相信，经过多次锻炼之后，他也一定能够像梁文杰、韩梦园等同学那样在台上落落大方、侃侃而谈。

实践证明：讲，然后知不足；讲，然后不满足。知不足，不满足，会促使学生努力讲得更好。

讲，是讲好的前提。

（2017 年 2 月 28 日）

令我高兴的是，没有人表现出不耐烦，更没有人嘲笑他，大家都耐心、安静地听他读下去。

艰难的展示　耐心的等待

高一（11）班的小健同学虽然基础不是很好，但学习很认真。我发现，每次有同学上台展示学习成果时，小健都听得很专心，总是露出佩服的神情。有好几次我鼓励他："小健，你也上台讲一讲吧。"他总是摇摇头。这个星期二，在我的再次鼓励下，他终于鼓起勇气走上讲台，代表自己所在的学习小组展示课前的学习成果。

小健要展示的是他们小组从网上查阅摘录下来的《念奴娇·赤壁怀古》的相关评论。

"此词怀古抒情，写自己消磨壮心——壮心——"，展示一开始，小健就遇到了不会读的字，"壮心殆尽"中的"殆"字他不会读。他向讲台旁边的莫芷晴同学请教"殆"字的读音后继续往下读：

"壮心殆尽，转而以——以——"，他又遇到不会读的字了，他再次向莫芷晴请教后继续读下去，"转而以旷达之心关注历史和人生……"

这是一次艰难的展示。在朗读的过程中，小健先后六次遇到不会读的字，他每次都停下来向莫芷晴请教读音后再继续往下读。他读得缓慢，声音低沉。在小健朗读的七八分钟里，我的心一直是悬着的。每次小健向莫芷晴请教读音时，我都很担心，生怕有同学不耐烦，做出影响他信心的举动。但是令我高兴的是，没有人表现出不耐烦，更没有人嘲笑他，大家都耐心、安静地听他读下去。虽然小健声音低沉，但是因为教室里很安静，所以他所读的内容大家都能够听清楚。同学们耐心地听他读完并给予了热烈的掌声。

目睹小健的整个展示过程，我很高兴，也很感动。小健读完后，我表扬了他敢于上台的勇气和虚心学习的态度，更表扬了同学们的表现。我说："今天我要代表小健同学感谢同学们的耐心与掌声，我相信大家的鼓励一定会让他以后做得更好!"

星期四，小健再次代表自己所在的小组上台展示课前的学习成果，他朗读了李煜《虞美人》的相关评论。这次他表现得很自信，用较为洪亮的声音进行朗读。与星期二相比，这次他读得很流利，只向莫芷晴请教了一次读音。他展示完后，我问同学们："大家说，今天小健同学读得怎样?"

几个同学同时回答："进步很大!"

这时，教室里再次响起热烈的掌声。

（2017 年 3 月 24 日）

　　　　新学期高三（10）班语文课堂的第一次掌声为钟紫煜同学响起。我看见他满脸通红、眼睛发亮。

掌声响起来

　　新学期的第一节语文课，我组织高三（10）班同学复习词语，这节课的任务是掌握12道小题中192个词语的读音。按照教学设计，我先让同学们在规定的时间里做完12道拼音题，接下来，我让他们展示答案。

　　进入展示的环节，第六组的一个男同学问："老师，如果做错了怎么办？"

　　我说："做错的话等一下改过来不就行了吗？"听我这样说，他第一个站起来读了其中两道小题的32个词语。

　　他一读完，我就问："这位同学叫什么名字？"

　　几个同学同时回答："zhōng－zǐ－yù！"

　　"哪个zǐ？"我问。

　　"紫色的紫。"有同学说。

　　"哪个yù？"

　　没有人说得清楚。

　　我走近那位男同学："把你的名字写给我看看吧。"

　　他写出来了：钟紫煜。

　　"钟—紫—煜，我记住了。"我笑着对他说。

　　"好，大家说说钟紫煜同学读得怎样？"

　　同学们指出，32个词语，钟紫煜读错了8个。

　　出错率不低！但我还是表扬了他："虽然钟紫煜同学对题目没有十足的把握，但他敢于第一个展示，勇气可嘉，学习态度非常好！态度决定高度，钟紫煜同学今天的表现很好，大家应该向他学习！"

新学期高三（10）班语文课堂的第一次掌声为钟紫煜同学响起。我看见他满脸通红、眼睛发亮。

今天，我继续给高三（10）班的同学复习词语。首先我让大家给48个容易读错的词语注音。题目布置下来之后，钟紫煜同学第一个上台给黑板上加点的词语全部注上音。大家一检查，全都答对了！

我高兴地说："昨天32个词语，钟紫煜同学读错了8个，今天48个词语的注音他全都做对了！这表明他昨天上完课后肯定是很认真地预习了今天上课的内容，不然他今天不可能做得这么好！"

高三（10）班语文课上热烈的掌声再次为钟紫煜同学响起。

（2017 年 9 月 2 日）

　　"老师说得对，追上去，还来得及！"徐海云坚定地说。

追上去，还来得及

　　今天下午第二节课，高三（10）班的徐海云同学在成语听写中的表现令人佩服。读成语的同学还没开口，徐海云就已经在黑板上接着上一组同学写的最后一个成语写起来：越俎代庖、以逸待劳、大相径庭、秀外慧中……负责读的同学才读到一半，徐海云已经按照学习任务清单上的顺序把要听写的 10 个成语在黑板上默写了出来。看来，徐海云已经把学习任务清单上的成语背得滚瓜烂熟，无须提示他都能够把成语默写出来了！徐海云一写完成语，同学们都自发地为他鼓掌叫好。

　　这段时间徐海云学习确实很自觉。这个星期一的晚自习，在检查大家的学习情况时，我发现绝大多数同学对学习任务清单中容易写错的 300 多个成语都只满足于学习书写而不管其读音和意思，只有几个同学自觉去查了成语的读音和意思，徐海云就是这少数几个同学中的一个。我翻看徐海云的语文笔记本时，看到他的笔记本上工工整整地抄满了成语解释。当时我还拿他的笔记本给同学们传看，让大家向他学习。

　　今天下课后，我在讲台上填写课堂记录，有几个同学围过来。我对他们说："今天海云能够按照顺序把学习任务清单上的成语默写出来，这很不容易，他肯定是下了不少功夫的。"一个同学说："老师，您写写海云吧。"我笑着说："文章不是想写就能写得出来的，得有灵感。"另外一个同学说："有了灵感，您一定要写写他，他的进步很大。"

　　走出教室，看见徐海云正站在走廊上，我对他说："海云，你今天的表现不错，继续努力！"

他说:"老师,我以前是不爱学习的,现在才开始努力。"

我说:"没关系,追上去,还来得及!"

"老师说得对,追上去,还来得及!"徐海云坚定地说。

(2017 年 9 月 14 日)

从"我来读?"到"我来读!"，黄兴贵迈出了非常可喜的一步。

我来读

今天上午，高三（9）班第二节课和第三节课都是语文课，这两节课我组织同学们复习成语。第二节课一开始，我就把课堂上不是很积极的黄兴贵叫起来："黄兴贵，你来读成语给大家听写吧。"

黄兴贵有点吃惊："我来读?"

"对。"

"我不会读。"

"不怕，不会读，我教你；读错了，我马上给你纠正。"

黄兴贵犹豫了一下，说："老师，我明天再读吧。"

"好，一言为定。"我说。

让我想不到的是，没等到第二天，接下来第三节课一上课，黄兴贵就说："老师，我来读!"

我喜出望外，马上安排他读成语给大家听写。黄兴贵读得很不错，吐字清楚，声音洪亮。他读错字的时候，我还来不及提示，就有同学帮他纠正。他越读越好，我表扬了他，带头为他鼓掌。

从"我来读?"到"我来读!"，黄兴贵迈出了非常可喜的一步。为兴贵的进步点赞!

（2017 年 9 月 15 日）

我很高兴，也很期待能够在下星期一看到李兆兴有好的表现。

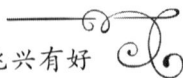

期　待

开学一个多月了，我所教的高三（9）班和高三（10）班两个班里都有不少同学积极参与"翻转课堂"教学，这些同学几乎每节课都表现活跃。经过一个多月的练习，他们的进步非常明显。但是时间一长，我发现这两个班都存在派固定代表上台展示的现象，还有一部分同学从来都没上台展示过。

这样下去是不行的，我决心改变这种状况。这个星期，我在两个班都讲了这样的话："高考是每一个同学都必须参加的，我们不能派代表去参加高考，所以在平时的'翻转课堂'教学中，各组不能老是派固定两三个同学上台讲解，我们每一位同学都要积极参与其中。下一节课不能还是那几个同学上台讲解了。"

今天第二节课一上课，我就对高三（9）班的同学说："我们班有几点做得非常好，比如注重预习，又如善于结合具体语境把问题讲得很到位，再如认真听讲，但是有些同学从来没有上台讲解过，各个小组中那些没有上台讲解过的同学，这节课要主动上台锻炼。"

我的话起了一点作用，从来没上台讲解过的余知浩、潘伟锋两位同学今天上台了，他们还讲得特别好。我表扬了他们："知浩、伟锋两位同学第一次上台就讲得这么好，我要在家长群里面特别表扬他们，让他们的爸爸妈妈高兴高兴。"

接着我点名让同样没有上台讲过的李兆兴同学也来讲一讲，他说："老师，我下节课再讲吧。"他一说完，我就对全班同学说："大家听到没有？兆兴说他下一节课就上台讲解，我很期待看到他有良好的表现。"

我接着和李兆兴商量："那你就在下星期一上台讲解，怎么样?"李兆兴回答说："好! 没问题!"

我很高兴，也很期待能够在下星期一看到李兆兴有好的表现。

（2017 年 10 月 21 日）

今天，他们在教室里，在老师和几十位同学的面前说"我来讲"，将来他们才敢于在大庭广众之下大声地说："我来讲!"

我来讲

从前几个星期开始，每次台上小老师讲解完之后，我常常会说这么一句话："哪位同学觉得自己可以讲得好，那就应该大胆地说：'我来讲!'"可是两个班没有一个同学敢主动站起来说"我来讲"，甚至在台上的小老师卡壳了，讲不下去的时候，也没有一个同学站起来说"我来讲"。

"我来讲!"今天下午上课的时候，我终于听到了期待已久的这三个字。

今天下午第一节课，在高三（10）班第二小组的代表上台讲解下面这道语病题：

下列各句中没有语病的一项是（　　　）

A. 为了摸清发病规律，我们医院挂钩几个单位，经常进行调查研究。

B. 我们这里的企业改制工作已经进入在充分调查的基础上，广泛征求意见，制订全面规划的阶段。

C. 中华人民共和国初创时的故宫博物院的文物仅是昔日紫禁城藏品的十分之一，书画卷册就更微乎其微了。

D. 今年郊区的水稻长势极好，郊区有关领导估计今年郊区水稻的总产量会超过历史水平。

这道题正确答案是 C 项，第二组负责讲解的同学指出了 A 选项和 D 选项的错误并做了改正，但 B 选项就讲不清楚了。讲解的同学下去之后，我说："谁来把 B 选项讲得更清楚一点？"这时，第四组的郑忠相站起来说："我来讲!"

我高兴地说："好啊!"

郑忠相在同学们的掌声中走上台。"这句话语序不当"，他拿起粉笔，一边在"在充分调查的基础上，广泛征求意见"的下面画线，一边说，"'在充分调查的基础上，广泛征求意见'应该移到'工作'之后'已经'之前。"

我说："你把正确的句子读出来吧。"

郑忠相大声地读起来："我们这里的企业改制工作在充分调查、广泛征求意见的基础上，已经进入制订全面规划的阶段。"

郑忠相今天讲得很好，我带头为他鼓掌。

令我感到非常高兴的是，今天在高三（9）班，我也听到了"我来讲"这三个字。

上午第二节课，面对"你可知道，出版一本译作是要经过多少人的努力以后，才能与读者见面"这道语病题，负责讲解的同学卡壳了，讲不出正确的改法。这时，李泽怡同学站起来说："我来讲!"

李泽怡像平时一样淡定，她走到黑板前，指着黑板上的病句说："这个病句有两种改法，可以改为'你可知道，出版一本译作要经过多少人的努力，才能与读者见面'，也可以改为'你可知道，一本译作是要经过多少人的努力以后，才能与读者见面'。"

李泽怡讲完之后，我表扬了她。

在"翻转课堂"教学中，"我来讲"很重要。只有不断有人说"我来讲"，教学才能得以深入，答案才能得到补充，学习成果才能得到进一步扩大。

对于学生而言，"我来讲"有着非同一般的意义。今天，他们在教室里，在老师和几十位同学的面前说"我来讲"，将来他们才敢于在大庭广众之下大声地说："我来讲!"

  我之所以一而再、再而三地鼓励自己的学生勇敢地说"我来讲"，是因为以前很多时候，我由于胆怯不敢在众人面前大声说出"我来讲"，从而一次又一次失去表达自己见解的机会。我做不到的事情，希望自己的学生通过锻炼能做到。

  有时看着学生在台上从容淡定、侃侃而谈的样子，我会想，如果我读书的时候能够像他们这样天天有机会上台锻炼，那么在我想说出自己想法的时候，一定也能够在众人面前大方自然地说："我来讲！"说实话，看着台上讲解的学生，我常常很羡慕他们。

（2017 年 11 月 3 日）

学生有打印作文集的想法，这是一个很好的教育契机。

抓住契机

昨天下午第二节课上课铃刚响过，我站在高三（10）班的讲台上笑着看了看同学们，故作神秘地说："给大家看一样东西。"

"什么东西？"

我把手中的一本小册子往上扬了一扬："我的'书'——《'翻转'的花儿慢慢开》，是打印本。"

"这么好看，打印一本要多少钱？"

"我让外面打印室帮我设计了封面，50 块钱；其他的不需要多少钱。"

"老师，以后您就让我们帮您设计吧，我们就是学设计的。"

"好啊，以后就请你们设计。"

"老师，拿来给我们看看吧。"一个同学说。我走下去，拿给他们翻看。

《'翻转'的花儿慢慢开》还算不上真正的书，我只是把自己平时所写的关于"翻转课堂"教学的文章打印出来，装订成册。因为里面写的都是与教学有关的问题，其中一些文章还写了同学们在课堂上的表现，所以我就拿来与他们分享。

小册子在同学们中传阅。

有一个同学对我说："老师，我也要做一本作文集。"

这句话令我感到非常高兴。从当上他们的语文老师那天起，我就一直强力推进作文教学，不断要求学生积极写作，但响应者寥寥。现在学生有打印作文集的想法，这是一个很好的教育契机。于是我马上给予鼓励："这个想法很好！你们可以把自己写的文章汇总起来，也打印成一本像模像样的作文集。"

我注意到同学们都在很认真地听着，就继续说："有同学问我为什么不写写小香，也有同学问我为什么不写写伟盛，甚至有同学问我'老师，您为什么不写写我'，我现在建议，同学们互相写一写，也可以写一写自己。写多了，你们就可以像老师这样把自己的作文编印成册。用文字记录下你们的青春，是一件很有意义的事情。"

听了我的话，不少同学若有所思。下课后，徐海云、周伟龙他们说要好好看看《"翻转"的花儿慢慢开》，我很高兴地把书留给了他们。

（2017 年 11 月 24 日）

他们是爱周高中"翻转课堂"和自主管理园地里放飞的希望。

他　们

今天上午，2016 届高三（6）班的同学回到母校看望老师，看看校园，看看他们以前学习过的教室。

从教 30 年，我教过很多学生，最让我难忘的是 2016 届高三（6）班的学生，因为这两年我为他们写下了几万字的教学总结和反思。这次师生聚会，看到他们越发帅气靓丽、充满青春朝气的脸庞，听到他们说着"感觉现在很好"的话语，我忍不住又要写写他们了。

他们是爱周高中实施"翻转课堂"教学的首批实践者和受益者。

2015 年 8 月，我们高三年级的老师在学校领导的带领下，到阳东一中取经，学习他们开展"翻转课堂"教学的经验。学习归来后，林汛丹、余海蓉两位老师和我在高三（6）班尝试开展"翻转课堂"教学，学生热烈响应，积极参与。学习委员、科代表和小组长等班干部大胆尝试，率先走上讲台，当起了小老师，为同学们讲课。在他们的带动下，班里的其他同学也纷纷走上讲台锻炼自己，出现了"人人想当小老师，人人能当小老师"的喜人局面。"翻转课堂"教学给高三（6）班的学生提供了锻炼的机会和展现自我的平台，有一批学生表现亮眼，脱颖而出。以前我对陈淑珍、郭琼珍两位同学印象不深，经常叫错她们的名字。在实践"翻转课堂"教学中，这两位同学抓住机会，积极上台锻炼，不断的历练让她们实现了华丽的蜕变：陈淑珍在台上讲解时，自然大方，声音悦耳动听，分析到位，很有老师范儿；语文科代表郭琼珍经常帮助我主持语文课堂教学，学习进度安排合理，把控有度。她们的出色表现给前来听课的老师们留下深刻的印象。绝大多数的同学在经历了"翻转课堂"教学后，都获得了可喜的变化——从最初缺乏自信、不敢上台、声音发抖，慢慢地变得落落大方、充满自信、侃侃而谈。

高三（6）班是职中班，学生的文化课基础不是很扎实，绝大多数学生的入学成绩明显低于同届其他班的学生。但是他们不甘落后，在"翻转课堂"教学中，大胆实践，努力探索，学习成绩因此得到大幅度的提高。他们在2016年的高职高考中取得了很好的成绩，很多学生考入高等院校继续深造。他们中有的人走进了广州大学，有的人走进了广东农工商职业技术学院，有的人走进广东工程职业技术学院，有的人走进了广州南洋理工职业学院，有的人走进了广东环境保护工程职业学院……在梦寐以求的大学校园里，他们继续向美好的人生迈进。借助"翻转课堂"教学，他们成为爱周高中"低进高出"的典型代表。

他们是爱周高中"翻转课堂"和自由管理园地里放飞的希望。

这次师生聚会，看到他们阳光自信，我非常高兴。座谈中，我听到大家说得最多的一句话是："感觉现在在大学里很好。"我了解到，黄青青、梁集汇、梁梦婷、郑平洲当上了班长；其中黄青青除了是班长，还是学校辩论队队员、国旗队干事；陈燕飞是班级宣传委员、创业协会秘书部部长；周木梨是英语协会干事；李凯是学校就业协会会长……得知他们在大学里的出色表现，我感到十分欣慰。欣慰之余，我又在思考：为什么一个只有37人的职中班，能够为高等院校输送四个班长、几个校级学生干部？我想，能获得这样的成绩绝不是偶然。

我在总结"翻转课堂"教学经验时，曾经这样说过："'翻转课堂'教学对学生的影响已经超出教学，超出课堂，必将对他们今后的人生产生深远的影响。"现在，学生在大学里不俗的表现，直接印证了我之前的说法。而且大家也都一致认为，他们能够在众多的大学生中脱颖而出，与母校的"翻转课堂"教学和自主管理有着密切的联系。他们说得没错，爱周高中"翻转课堂"教学和自主管理的理念都强调以学生为主体，在教学、生活和各种活动中大胆放手，鼓励学生培养主动学习、自主管理的习惯和能力。

我清楚地记得，在"翻转课堂"教学中，高三（6）班的学生主动参与课堂教学设计，大胆发表自己的意见，与老师共同商量怎么把课上好。我清楚地记得，高三（6）班第一本作文集的精美封面是由林铃同学设计的，100多本作文集的装订工作是由全班同学分工合作共同完成的。我更加清楚地记得第二本作文集《起航》诞生的过程：同学们认为我的设计方案不够大气，集体讨论设计了封面及文本的版式；陈东兴同学负责拍摄，黄青青同学负责写后记……作文集的诞生过程，体现了"翻转课堂"教学和自主管理的重要理念，我一直把这两本作文集看作实行"翻转课堂"教学和自主管理的成果。

在自主管理工作中，学校团委很注重对冯微容、黄青青、梁梦婷等同学的培养和锻炼。他们是校团委干部，即使在高考前夕，依然负责着校团委的相关工作。正是学校和老师们的大胆放手，使学生获得了宝贵的锻炼机会，培养了自主学习的习惯和全面发展的工作能力，为他们日后在大学里大显身手做好了充分的准备。

高三（6）班的同学还经常给我带来感动。他们质朴诚恳，重感情，知感恩，教过这个班的老师普遍都是这样认为的。我教他们的时候，在晚自习结束后离开教室时，经常有学生跑到教室门口对我说：

"老师，注意安全，慢点开车。"

"老师，天冷了，穿好衣服，戴上帽子。"

每次我和他们在电话中讨论完上课的事情后，总能听到他们说的"老师注意身体，早点休息"的暖心嘱咐。

我只是打电话提醒他们要努力学习，没想到他们却把这当作老师对他们特别的关爱。毕业后他们经常通过微信、电话向我问候，甚至有学生多次在收获的季节给我寄来芒果、青枣等家乡特产。

他们，和我一起实践，一起努力，让我能将自己的教学理念付诸实践。通过他们，我充分实现了一名老师的价值。他们尊重老师，关心老师，让我感到很温暖。我常常想，一名老师即使一辈子只遇到一批这样的学生也满足了。

谢谢他们，谢谢爱周高中2016届高三（6）班全体同学！

（2018月2月23日）

经过一个多学期的锻炼，我的学生已经能够在几百人的面前大声说出"我来讲"三个字了！

"我来讲"效应

为了鼓励学生大胆表达，大胆展示，我写下《我来讲》一文。把文章发到了高三（9）班、（10）班班群后的第二天，我一走进（9）班教室，学生们看着我一齐喊起来："我来讲！""我来讲！""我来讲！"喊完教室里笑声一片。当我走进（10）班教室时，出现了相同的一幕。我知道他们是在和我开玩笑，但也忍不住笑了起来。此后，我发现学生们不只是一笑了之，他们真的把"我来讲"付诸行动。

一天，我在高三（10）班讲评试卷。和平时一样，学生是课堂的主讲者。第一道题是语音题，第五组抽到这道题，负责讲解的同学上台之后，我要求他给这道题中24个加点的词语注音，第五组上台的同学感到有难度。这时，第六组的周文飞大声地说："我来讲！"

"不，这道题还是由我们组来讲！"第五组同学不同意了。他们问我："老师，我们组再准备一下，让抽到第二题的小组先讲，行不行？"

我说："可以。"然后我对周文飞说："文飞，你等一下有机会再讲吧。"周文飞说："好的。"

周文飞小组抽到了第三题，他们组负责讲解的同学讲完之后，周文飞说："我来补充一下。"他快步走上台对那道题做了进一步的补充，让同学们听得更加清楚明白。

到了第五题，我问："哪位同学来讲一讲'生死攸关'的意思？"话音刚落，平时很少上台的陈国影马上说："我来讲！"可能是因为陈国影平时很少上台，同学们以为他是在开玩笑，都笑了起来。我刚开始也以为他是在开玩笑，没想到他真的站起来说："'生死攸关'，就是关系到生死的意思。'死刑判决是生死攸关的大事，不能不慎重。'这个句子中的'生死攸关'用对了。"陈国影的积极主动赢得同学们热烈的掌声。

　　在接下来的环节中，我问："哪个同学能把'趋之若鹜'这个成语讲得更加到位一点？"王仔健举起手来："我来讲！"他一边站起来一边看了看桌面上早已打开的《现代汉语词典》，大声说："'趋之若鹜'的意思是像鸭子一样，成群结队地跑过去，形容许多人争着去追逐某种事物，它是一个贬义词。这道题中的 D 选项整句话说的是好事情，'趋之若鹜'不能用在这个句子中。"王仔健把词语的释义与具体的语境结合起来分析，讲得很到位。

　　我发现，"我来讲"提得好，提得及时。"我来讲"既增强了同学们的学习信心，也有力地推动了"翻转课堂"教学向纵深方向发展。更为重要的是，"我来讲"能让学生获得锻炼，成长为自信、大方、大气的人。

　　昨天，我在学校二楼学术报告厅给高三年级的同学做题为"高考作文现在写"的讲座。其中有一个环节，我要求同学们模仿所给出的议论文常见的结构模式，现场搭建起"爱国"这个话题的作文框架。当时偌大的报告厅里坐满了学生，可是回应者寥寥，冷场了一阵子之后，后排传来了一个声音："老师，李泽怡要讲！"我走到后排，高三（9）班的李泽怡站起来接过麦克风大声地说："我来讲！主题为我们要爱国的作文，可以在开头部分提出中心论点'我们要爱国'，主体部分论证我们为什么要爱国，结尾再次强调中心论点……"

　　李泽怡的表现吸引了众多师生的目光，老师和同学们把热烈的掌声送给她。

　　讲座没有达到我想要的效果，但是我的学生李泽怡的"我来讲"让我倍感欣慰：经过一个多学期的锻炼，我的学生已经能够在几百人的面前大声说出"我来讲"三个字了！

　　若干年之后，在一个几百人甚至上千人的公共场合，有一个人大声地说："我来讲!"接着他落落大方地走上讲台。他演讲时侃侃而谈，条理清楚，思维缜密，讲完后全场掌声雷动。如果有人对我说"李老师，这个出色的演讲者是你的学生"，我一点也不会感到意外。

（2018 年 4 月 19 日）

勤于抄书，益于作文。对此，我深信不疑。

勤于抄书，益于作文

《七录斋》记载了明朝著名文学家张溥喜爱抄书的故事："溥幼嗜学，所读书必手钞，钞已，朗诵一过，即焚之，又钞，如是者六七始已。右手握管处，指掌成茧。冬日手皲，日沃汤数次。后名读书之斋曰'七录'。……溥诗文敏捷，四方征索者，不起草，对客挥毫，俄顷立就，以故名高一时。"

这个故事告诉我们一个道理：勤于抄书，益于作文。

每教一届学生，我都要求他们多读多抄课外文章。2016 届职中班高三（6）班的学生在读高二的时候，我就给他们布置了一项语文作业：星期一至星期五，每天抄录一篇 500 字以上的课外文章。然后每个星期用两节课时间让学生轮流上讲台朗读他们抄录的文章。高三（6）班的学生非常配合，他们在读高二那一年，按照我的要求去做了，有不少同学在读高二那一年就抄了 200 多篇文章。我发现，坚持抄书之后，学生的作文水平有了非常大的进步：他们的语言表达规范了，作文的材料丰富了，表达技巧也明显提高了。这批学生在高三继续抄书并加大了写作力度，在写作上实现了质的飞跃。高三（6）班的同学在高三那一年写了大量的作文，编印了两本作文集。我认为，这一切与他们养成的勤于抄书的习惯有着直接的关系。

我自己也是抄书的得益者。从年轻时候起，我就喜欢抄录一些好词好句好文章。直到现在，大大小小的笔记本抄了几十本。我喜欢抄优美流畅的句子，也喜欢抄质朴而饱含哲理的句子，还喜欢抄采用了特殊句式的句子。长期抄书的习惯培养了我敏锐的语感，为我打下了扎实的语言基础。在抄书的过程中，我还吸收了很多写作的营养，学习了大量的表达技巧。我现在经常能够写一些教育随笔和生活作文，在很大程度上得益于坚持抄书的习惯。

过去我的诗歌鉴赏能力较低，很多时候不能独立地评价一首诗。在诗歌教学中，我只能照本宣科。一个语文教师不能自己写诗评，这是很大的缺陷。为了弥补这个缺陷，在过去一年中，我认真阅读了周啸天主编的《唐诗鉴赏辞典》，抄录了不少于两万字的诗评。抄诗评，不仅提高了我的诗歌鉴赏水平，还让我学会了写诗评。前段时间，我给女诗人依依（李映）的诗歌《生长》写了评论，获得了不少微信好友的好评。

勤于抄书，益于作文。对此，我深信不疑。

（2018 年 6 月 3 日）

　　他最应该感谢的是他自己，尤其应该感谢他自己爱提问、爱"找碴"的好习惯。

爱"找碴"的郑广源

　　高三（9）班有一位学生在课堂上特别爱"找碴"，他的爱"找碴"给我留下深刻的印象。

　　在语文课上，小老师们的讲解常常会被这位同学的提问打断：

　　"为什么选这项？"

　　"为什么是这样？你讲讲理由。"

　　"这两个词语的区别在哪里？"

　　"你这样讲我还是不明白，能不能再讲得具体一点？"

　　…………

　　这个爱提问的学生就是郑广源。

　　几乎每节课，郑广源都会向台上的小老师们提出这样或者那样的问题，几乎所有上台讲解的小老师都接受过他的提问。郑广源每节课都这样穷"问"不舍，有些同学不理解他，甚至有的同学觉得他是故意在找碴，认为他这样会影响教学。

　　我注意到，郑广源不是故意找碴，也不是随随便便发问的。我发现，每次到了展示课前学习成果的环节，郑广源都会非常专注、认真地听台上的小老师讲解而且都是在认真倾听后才发问的。了解这点后，我特别表扬了他。我对学生说："郑广源同学能够提出一些问题，说明他是认真学习、认真听课的；他经常提出问题，对我们的教学也是一种促进。"

　　郑广源的提问对高三（9）班的语文教学确实起到了很好的推动作用。在他的追问下，台上的小老师们把问题讲得更加具体、更加到位。

他的提问还引发了同学们的思考和讨论。好几次，他提出的问题，小老师们都回答不了。我调整了教学步骤，安排时间让同学们思考、讨论和解决郑广源提出的问题。有的时候我当堂回答不了郑广源提出的问题，下课以后会查阅资料或者请教其他老师把问题弄清楚，第二天上课再给同学们讲解。

在课堂上"找碴"，似乎已经成为郑广源的一种习惯，对此他乐此不疲。有时候，他会对台上的小老师穷"问"不舍，小老师被他问得讲不下去，甚至有点恼火。但这时，我往往可以在郑广源的脸上看到很认真的表情，我知道，下节课他还是会发问的。郑广源爱"找碴"已经成为一种常态，我和同学们已经习惯了他的"找碴"，哪一天他不"找碴"了，大家反而觉得课堂上少了点什么。

临近高考前两三个月的时间里，除了我布置的作文，郑广源几乎每个星期天都会另外写一篇作文拿给我看。我对他的作文做了点评并给出修改意见。对于我的每个点评和修改意见，郑广源都要问个为什么。为了回答他一个又一个的"为什么"，很多时候我得把他的作文多看几遍。他的这种爱"找碴"，对我的作文教学是一种很好的促进。

2018 年高职高考进行了改革，一批本科院校开始招收职业中学毕业生。在今年的高考中，爱提问、爱"找碴"的郑广源成绩优异，语数英三科考了 332 分，高出本科分数线 27 分！勤学好问，让他成为广东省高职高考改革的首批得益者之一。

郑广源有感恩之心，学习有进步时，常常会对老师说感谢之类的话。其实他最应该感谢的是他自己，尤其应该感谢他自己爱提问、爱"找碴"的好习惯。

（2018 年 6 月 26 日）

每迎来新一届的学生，我都要求他们告别"网上抄"，坚持"自己写"。

告别"网上抄"，坚持"自己写"

教 2016 届高三（6）班的时候，我给学生布置了一道作文题，要求同学们写一写自己的爸爸妈妈。我在批改作文的时候吃惊地发现，不少同学把网上别人写爸爸妈妈的文章抄到自己的作文里。评讲作文的时候，我说："一些同学把网上别人写爸爸妈妈的文章抄到自己的名下，这样一来，我们这些同学不就变成别人家的孩子了？"教室里笑声一片，抄袭作文的同学也忍不住笑了起来。但是笑归笑，他们似乎没有从中受到教育。在下一次的作业中，我仍然发现有多篇作文存在严重的抄袭现象。

学生作文中多次出现的抄袭现象让我意识到问题的严重性。为了杜绝抄袭现象，我号召学生告别"网上抄"，坚持"自己写"。

我多次对学生进行思想教育，告诫他们必须停止抄袭！主要原因有三个：第一，抄袭是对他人劳动成果的不尊重，是不道德的行为。抄袭不是小问题，而是关乎一个人道德品质的严重问题。第二，长期抄袭别人的文章，会养成逢写必抄的恶劣习惯。一旦养成抄袭的习惯，纠正起来就相当困难。第三，长期抄袭别人的文章，会让自己逐步丧失写作的信心和能力。中学时代是练习写作的黄金时期，如果错过了这个至关重要的练笔时期，对同学们将是无法弥补的损失。

在指导同学们写作时，我采用"一问二查三指导"的方法来应对抄袭行为。如果发现某一篇作文有抄袭的嫌疑，我会找来该文的作者了解情况。对自尊心很强的同学，我会委婉地问："写这篇作文时，你有没有模仿别人的文章？"对乐观开朗的同学我会很直接地问："老实交代，有没有抄别人的文章?"问过之后，我还要上网查一查，确认一下，一旦发现有抄袭行为，我会找来该同学谈话，批评其错误的做法。批评过后，我会鼓励该生要相信自己的写作能力，并指导其用自己的语言来表情达意。

经过一段时间的纠正，同学们的学风明显好转，抄袭现象逐渐减少，越来越多的同学告别"网上抄"，坚持"自己写"。随之改变的是，他们的作文水平有了大幅度提高。在高三那一年中，高三（6）班的同学出了两本作文集。其中，第一本作文集收录了同学们的优秀作文52篇，一共4.2万多字；第二本作文集《起航》收录了70多篇，一共8万多字。在2016年的高职高考中，高三（6）班同学的语文成绩取得了重大突破，平均分达到82分，多名同学的分数超过100分。2016届高三（6）班是职中班，学生的语文基础普遍不好。这个班的同学能够在高三那一年编印出两本作文集，并在高考中取得这样良好的成绩，在很大程度上得益于告别"网上抄"，坚持"自己写"。

继2016届高三（6）班之后，每迎来新一届的学生，我都要求他们告别"网上抄"，坚持"自己写"。实践证明，这是提高学生作文水平的有效途径。

（2018年10月4日）

> 题目是文章的眼睛，抓住题目往往就抓住了一篇文章的要点。

从题目开始

今天高二（11）班语文课教学的内容是文言文《天下有道，丘不与易也》。上个星期五，我已经要求学生回去预习这篇课文了。

这节课一开始我首先让学生集体朗读一遍课文，接着检查学生的课前预习情况。

我知道这篇文章的写作年代比较久远，学生学起来是有一定难度的，所以检查学生的预习情况时，我不想拿很难的问题来为难他们。我先让学生做一件我认为很容易做得到的事情，那就是：写出课文的标题。

我点名让两位同学到黑板前来写。

"你们把这篇课文的题目写一写。"

两位同学想了想，但都写不出完整的题目来。下面有同学小声提示他们，但他们还是不能把课文的题目完整地写出来。

两位同学下去之后，我说："预习完一篇课文后，连题目都写不出来，如果我们说自己很认真地学习了这篇课文，没有人会相信的。"

接下来，我问："'天下有道，丘不与易也'这一题目是什么意思？不看课本，哪个同学能讲出来？"

只有一位男同学讲出了"易"是改变的意思，但全班没有一个同学能够说出这一题目的完整意思。

见学生说不出这篇课文题目的意思，我便问他们："你们已经学过《劝学》，这篇文章题目中的'劝'是什么意思呢？"

有同学说是"劝告"，也有同学说是"劝说"，最后终于有一个同学说对了："是鼓励、勉励的意思。"

我接着问："你们也已经学过《过秦论》了，《过秦论》的题目是什么意思呢？"

一个同学说："讨论过去的秦朝。"

一个同学说："讨论秦朝的过去。"

有一个同学说："'过'是'过错'的意思。"

"对！"我高兴地肯定了他，我接着问他，"'过秦'是什么意思呢？"他说不出来。

"'过秦'就是指出秦朝的过错，'过'在这里是名词活用为动词，'论'是一种文体，表明这篇文章属于议论性的文体，"我说，"'过秦论'这一标题，仅仅三个字，包含了丰富的内容。真正读懂标题，我们不仅可以准确地把握这篇文章的要点，也可以学到名词活用的相关知识，还可以了解到有关文体的知识。"

我接着说："题目是文章的眼睛，抓住题目往往就抓住了一篇文章的要点，以后学习一篇文章的时候，大家应该先从这篇文章的题目开始。下次不能再出现学习一篇文章之后写不出题目、讲不出题目意思这样的事情了。"

听我这样说后，有几个同学不好意思地笑了。

（2019 年 2 月 25 日）

文章没有个性就会千人一面。

把自己写进去

学生写题为"我所知道的孔子"作文的时候，如果只是把搜索抄录的资料拼凑成文，就会出现大量没有个性的雷同的作文。今天在高二(11) 班的语文课上，我特别同学生强调：在写这篇作文的时候，一定要写出自己的个性。

见很多学生满脸的茫然，我就接着说："文章没有个性就会千人一面，写作文时，我们一定要有自己的东西，要把自己写进去。"

"把自己写进去?"

"大家读孔子的时候肯定会有自己的看法、想法，写作中如果我们把自己的看法、想法写进去，我们的文章就会有自己的个性。一位同学这样介绍孔子：'关于孔子，有一个不好的地方，就是后来那些皇帝不断给他加封，把他推到教育的顶端，他的教育思想几乎垄断了教育界，导致以后难以产生新的教育思想。'这位同学的口头作文里面就有自己独特的见解，他的作文就很有个性。"

接着，我给学生做了写作示范：

"孔子为了改变天下无道的现实，带着弟子周游列国达十四年之久。我觉得孔子太不容易了。如果我写介绍孔子的文章，在叙述孔子带着弟子周游列国这件事情后，会写下自己的感叹：'孔子为了实现改变天下无道的目标，带着弟子周游列国，时间不是四个月，也不是四年，而是十四年! 这种坚持铸就了他的伟大，也令后人敬佩不已。'加上自己的感叹，把自己写进去，我的文章就与别人的不一样了。所以，大家写《我所知道的孔子》时，一定要写一写自己的看法。"

学生听得很认真，我希望在这次写作中，他们能"把自己写进去"。

(2019 年 3 月 1 日)

我相信高二（13）班的朗读会做得越来越好，期盼这个班涌现出越来越多的朗读达人。

朗读达人

开学以来，我好几次听到老师们在级组室表扬高二（13）班的同学，说他们在"三读"中表现很好，"读得很积极""声音洪亮"。

昨天，我特意回看了这个学期高二级组发在级组群里的"三读"检查记录。我发现，在25次的检查中，高二（13）班的"三读"除了一次"差"，一次"良"之外，其余都是"优"。尤其令人高兴的是，这23次"优"中，绝大多数注明为"优，大声"或"优，声音洪亮"。

高二（13）班在"三读"中能做得这么好，多次得到老师们这么高的评价，主要是因为这个班有一批朗读达人。这批朗读达人坚持大声朗读，有效地带动和促进了整个班朗读氛围的形成。

高二（13）班的朗读达人集中在启梦小组，班长梁嘉兴就在这个小组。这个学习小组中的7位同学，尤其是梁美锋、陈其译、韩雪情、梁文宇等同学，在班长的带领下，一直坚持大声朗读。不管是在课堂上还是在"三读"时间，他们都读得很认真。我注意到，这个组的同学朗读时富有激情，即使是朗读成语，也读得抑扬顿挫、声情并茂。他们的出色表现给我留下了深刻的印象，为此我多次表扬了他们。昨天，我再次表扬了启梦小组的同学："坚持这样读下去，启梦小组的同学在高考中语文肯定能取得好成绩的。"

除了启梦小组的同学，班里的朗读达人还有余泽军、周小湛、吴杰浩等同学。

朗读达人余泽军是语文科代表，在组织同学们朗读的时候，他总是很有耐心。每次朗读的时候，如果发现同学们读书声音小了，余泽军会先叫停，提醒后，再组织大家继续朗读下去。他一次又一次地提醒，不厌其烦。

朗读达人周小湛的普通话不是很标准，带有浓重的地方口音，还有不少词语不会读，但这并不影响他的朗读热情。他多次主动请缨朗读词语给同学们听写，虽然常常读错字音，引得同学们哈哈大笑，但他毫不介意，经老师或同学们提示后，马上纠正过来又接着读下去。

朗读达人吴杰浩吐字清楚，声音洪亮，积极参与课堂的教学，乐于带动、督促同学们读书，他和余泽军、周小湛成为我教学时的好帮手。

我相信高二（13）班的朗读会做得越来越好，期盼这个班涌现出越来越多的朗读达人。

（2019 年 3 月 9 日）

每个人的妈妈都有与众不同的地方，每个人的妈妈都有过人之处。

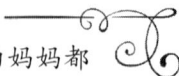

从新的角度写妈妈

上午第五节课一下课，美术班的几位同学到讲台前来向我请教作文应该怎样写，其中一位同学问我："老师，人物应怎样描写？"

"你这个问题太大了，一下子很难讲清楚。"我笑着说。

"您不是写了您的妈妈吗？您就说说您是怎样写妈妈的。"这位同学说。

"老师，您讲一讲您是怎样写的吧。"其他几个同学也提出了这样的要求。

"好吧。我就从选材方面讲讲怎样写妈妈。"我说，"你们也都写过自己的妈妈，我发现你们写妈妈的文章里最突出的问题是角度和题材陈旧。你们写妈妈时常常是这样写：妈妈每天做好吃的给自己吃；天冷了，妈妈给自己送来衣服；下雨了，妈妈冒雨来接自己；自己生病了，妈妈日夜看护；自己熬夜学习，妈妈端来一杯热腾腾的牛奶……"

"我说得没错吧？"我问他们。

几位同学都笑了。

"从小学到高中，有些同学年年都写与妈妈有关的文章，可是年年角度不变，题材不变，都是写妈妈怎么关心自己的生活，内容显得陈旧老套。"我说，"在写自己妈妈的时候，我从新的角度去构思，在选材方面下功夫。在《母亲的文凭》一文中，我写了自己母亲在50多岁时仍然坚持刻苦学习，最终获取了她梦寐以求的中师文凭的经历。她的这种经历很特别，也很励志，值得一写。写《母亲的影响》一文时，我没有像一般同学那样写母亲怎样关心自己的生活，而是写了母亲在语文学习和职业选择等方面对自己产生的重大影响。这样就写出我母亲独特的一面。"

　　我告诉这几位同学，我和大家分享这两篇文章的主要目的是想告诉大家：有关母亲的题材是非常广泛的，写母亲不应该只限于写母爱，还可以写母亲其他方面的优秀品质；写母爱也不应该只限于写母亲在生活上对我们的照顾，除了日常生活，母亲对我们的关心和影响还有很多方面。

　　"每个人的妈妈都有与众不同的地方，每个人的妈妈都有过人之处，你们的妈妈也一样。回去想想自己妈妈的与众不同之处与过人之处，从新的角度去写写自己的妈妈吧，不要写来写去都是老一套。"

　　几位同学都点点头。

（2019 年 5 月 13 日）

第三辑

教育叙事引领教育实习

在带队指导大四学生实习的过程中，除了面对面的指导，我还常常用文字与实习生交流。我希望自己写下的这些文字能对正在实习的同学有一些帮助。与中学生相比，大学生更加有思想，也更加有个性。每次写下与大学生有关的教育叙事，我总有点忐忑：年轻的大学生会不会认为我是在教训他们？他们会不会因为这些文章对我产生抵触的情绪呢？下面几位同学的阅读感悟让我少了一些忐忑，多了一点信心。

岭南师范学院 2016 级潘泽珠:

李雅老师以具体生动的教育叙事让我们明白了:只有虚心学习,海纳百川,才能不断进步;只有以生为本,才能让教育落到实处。工作已半年,每每温习老师的教育叙事,反思自己的教学现状,我都能从中得到新的理解和启发。李雅老师身体力行,坚持教育叙事写作,为我们树立了很好的榜样,现在工作之余,我也会像李老师一样记录自己的工作,反思自己的教学。

感谢李雅老师的引导!

岭南师范学院 2016 级林榕娣:

李雅老师的教育叙事让我明白,上课之前要做足功夫,上课时师生的教与学方可事半功倍。李老师的教育叙事还让我明白,课堂教学要以学生为主体,要避免出现老师讲得太多的现象。李老师勤于反思教育教学,写下大量的教育叙事作品,为我们树立了很好的榜样。参加工作已经半年,回头看李雅老师的教育叙事,我再次得到很大的启发。

岭南师范学院 2017 级黄丽娜:

初出茅庐的我,不知道在课堂上如何更好、更有效地引导学生学习和思考。很多时候,虽然自己对教学有较好的设计,但在实施的过程中却总感觉不尽如人意。迷茫之时,阅读李雅老师的教育叙事,我常常能够得到启发,获得帮助。

岭南师范学院 2017 级李青华:

李雅老师的教育叙事记录下身边的真人真事,与枯燥的理论相比,她笔下的教育叙事更有温度、更有说服力,也更能起到教化作用。阅读李雅老师的教育叙事,我常常能够有所启发并改正自己的不足,还能积累到不少教育教学经验。

岭南师范学院2017级梁思思:

文字是最能抵达人心的东西！李老师每次发表在个人公众号上的文章我都会看，她的教育叙事作品常常让我反省自己，并从中受益。李老师坚持写教育叙事让我很敬佩。我以后当了老师，也要像李老师一样，用文字陪伴学生、指导学生。

岭南师范学院2017级黄惠:

实习期间，每隔几天，我们就可以看到李雅老师发表在个人公众号上的教育叙事。这些教育叙事伴随着我们的教育实习，给我们以贴心的指导，让我们更好地认识自我，正视自己在教学上存在的问题。在这些教育叙事中，李雅老师不仅教我们如何教学，还教我们如何为人处世。读她的教育叙事，我从中得到不少的启发。

岭南师范学院2017级黄洁华:

李雅老师的教育叙事质朴而温暖，这些文字讲述了她在指导实习生进行教育实习时的点点滴滴，从教学到为人处世，内容丰富，语言亲切。通过阅读李老师笔下的实习生在实习中的种种经历和成长片段，同学们可从中看到自己的影子，并产生共鸣。

岭南师范学院2018级沈锚莹:

李老师用心做教育，用爱为人师！

李老师笔下的教育叙事真实、生动且饶有趣味，很值得细细品读。

虽然我还没有参加实习，但这些文章把我带进了真实的实习环境，让我提前了解到一个实习生在实习的过程中应该做什么，需要规避什么。在参加实习之前，能读到李老师为实习生写的这些文章，我是幸运的。通过李老师的这些教育叙事，我可以借鉴师兄师姐们成功的经验和失败的教训，提前为实习做好准备。

李老师以身作则，时常记录与反思教育教学，这些文字常常以情动人，以理服人，给予我们深刻的启发与触动，让我们受益无穷。感谢李老师！

岭南师范学院 2018 级赵东梅：

最近一段时间，在李雅老师的个人公众号上读到她写的多篇教育叙事。这些文章讲述了一个个实习故事，真实地再现了实习生在教育实习过程中遇到的种种情况以及老师同学们为解决困难所作的努力。"他山之石，可以攻玉"，阅读这些教育叙事，我们可以从师兄师姐们的故事中学习到很多宝贵的经验。感谢李雅老师的分享，这些宝贵的经验，为我未来的实习生活点亮了一盏明灯。

岭南师范学院 2019 级杨钰滢：

读罢李老师那朴实的文字，不难感受到李老师对实习生的殷切期盼。李老师用平淡的语言将一个个实习故事娓娓道来，没有浓墨重彩，却更直入人心。

知不足，然后能自反，这是非常重要的。李老师通过对实习生的深入观察，告诉我们要经常问问自己的课堂还存在哪些不足、哪些地方还需要改正。我从中了解到了实习中需要面对的挑战，更学习到了其中宝贵的经验，可谓受益匪浅。

李老师的教育叙事作品值得细细咀嚼，每一遍品味，都会得到新的感悟。不论是实习技巧，还是为人处世，李老师都以她自己特有的叙事风格为我们徐徐铺展。

希望明天、后天有更多的实习生能够放下包袱，轻装上阵，在三尺讲台上上好自己教师生涯中的第一课。

放下包袱，轻装上阵

实习进入第三周。按照实习计划，如果得到指导老师的批准，参加实习的同学今天就可以正式上讲台讲课了！

昨天我在实习群里发了信息："明天哪些同学有课，请提前告诉我。"

没有人在群里回复我。但有两位实习生私底下告诉我他们有课，其中一位实习生说："我明天第一、二节有课，老师您来听第二节课可以吗？如果您来听第一节课的话，我会很紧张的。"

他们确实有点紧张！这几天我已经屡次听到实习生说"很紧张"了。今天一早，我走进实习生的办公室，发现办公室里没有了往日的轻松，空气中充满了紧张的气氛。有实习生和我说："老师，我好紧张！我怕上不好课。"我安慰她："不要怕，第一节课上不好，后面还有第二节、第三节，慢慢来。"

我就是因为知道大家担心上不好第一节课，已经延迟了他们上讲台的时间。为了缓解大家的紧张情绪，我和他们说："大家不要过于紧张，第一次正式上讲台给学生上课，上得不好是很正常的。就拿我来说，虽然上了这么多年的课，即使现在上起课来，每节课都还留有遗憾呢。"

课间的时候，我到教师办公室同指导老师交流实习生的实习情况。我说："过几天，可能有专家来听实习生的课，不能事先安排，抽到谁的课就听谁的课。"一位实习生说："好紧张！万一上不好怎么办呢？"我说："一般来说，实习生上不好课是正常的，课上得特别好才让人奇怪呢。"周围的老师和实习生听我这样说都笑了起来。

　　我之所以说实习生刚开始上课"上得不好是正常的",不仅是为了给大家减压,也是为了让他们明白,初上讲台,经验不足,即使上不好课也不用过于紧张。实习的目的就是让大家在指导老师的帮助下,逐步积累经验,取长补短,在不断练习中把课上得越来越好。

　　今天,吴怡、招思羽等实习生走上了讲台。虽然他们刚开始的时候有些紧张,但经过调整渐臻佳境,最终都比较顺利地完成了第一节课的教学任务。

　　希望明天、后天有更多的实习生能够放下包袱,轻装上阵,在三尺讲台上上好自己教师生涯中的第一课。

(2019 年 10 月 21 日)

整堂课妙趣横生，学生被吸引住了，他们都在认真听讲、做笔记，还能有自己的思考，争着回答问题，教学效果良好。

多方激趣，效果良好

今天上午第三节课实习生潘泽珠在高二（16）班指导学生学习"谦辞、敬辞的使用方法"。这个班是职中班，学生学习的积极性不是很高，而且这节课的内容也不容易上好，如果教师在上课时只是单纯讲授谦辞、敬辞的相关知识，学生是很难长时间维持学习兴趣的。可喜的是，潘泽珠采用了多种教学手段激发学生的学习兴趣，整堂课妙趣横生，学生学习兴趣浓厚，教学效果良好。

潘泽珠首先采用了播放电视剧片段的形式导入新课，学生一下子就被电视剧《知否知否应是绿肥红瘦》给吸引住了。播放完之后，潘泽珠指出了电视剧片段中某些台词存在着谦辞、敬辞使用不当的问题。这一有趣的导入方式激发了学生对学习本课内容的浓厚兴趣。

接着，潘泽珠利用影视图片引导学生正确使用谦辞、敬辞。刘备、关羽、张飞是大家耳熟能详的小说《三国演义》中的主要人物，这三人是结义兄弟，那么他们之间是如何互相称呼的呢？潘泽珠把这三人的图片展示出来，让学生讨论并回答这三人的人物称呼，学生立刻积极讨论甚至争论起来，最后得出答案：关羽、张飞称刘备为大哥，刘备称关羽、张飞为贤弟。

为了进一步巩固学生对谦辞、敬辞使用方法的掌握，潘泽珠最后还设计了影视台词修改活动。她播放了一个古装戏剧片段，剧中的人物在祝贺别人嫁女儿时说："小女不错，嫁了个好人家呀！"潘泽珠让学生反复朗读这句台词后提问："台词中的'小女'用得对不对？为什么？"

学生通过讨论，弄明白了"小女"是谦辞，用于指"自己的女儿"，说话人说的是别人家的女儿，"小女"用在此处不符合语境，应该用敬辞才对。潘泽珠接着追问："那么台词中的'小女'应该改用哪个敬辞呢?"学生经过讨论，最后把这句台词改为："令爱不错，嫁了个好人家呀!"

这节课潘泽珠使用了多种教学手段，使得整堂课妙趣横生，学生被吸引住了，他们都在认真听讲、做笔记，还能有自己的思考，争着回答问题，教学效果良好。

（2019 年 10 月 24 日）

　　今天，学生给我搬椅子，希望他们以后能给长者让座，给客人倒茶，给需要帮助的人送去温暖……

今天，学生给我搬椅子

　　从上星期一开始，只要有实习生上课，我都要去听课。每次听课，我都会从实习生的办公室里搬一把椅子到教室听课，听完课后又把椅子搬回到实习生的办公室放好。在过去的一个星期里，从星期一到星期五，一连五天都是这样。

　　时间过得真快，今天实习生进入了上课的第二个星期。今天第二节课，吴怡小组的一名同学上《城南旧事》一课，我准备去旁听她的课。

　　上个星期去听课都是我自己搬椅子，我以为这个星期也是一样。和往常一样，我搬了一把椅子到教室，发现吴怡小组的同学已经全部到位，而她们的旁边放着一把椅子没人坐。一位同学对我说："老师，这是给您的椅子。"听完课后，我和往常一样搬着椅子回办公室，吴怡从后面追上来："老师，我来!"

　　说实话，今天之前，对于自己搬椅子去听课又自己把椅子搬回办公室这件事情，我是比较失望的。每次听课之前我到办公室搬椅子时，都有不少实习生在办公室里，每次我从教室搬椅子回办公室时，也都有几位实习生在身旁。可是，不管是我从办公室搬椅子到教室，还是我从教室搬椅子回办公室，居然没有一个实习生对我说："老师，我来!"对此我感到失望和不解。这些孩子怎么会这样冷漠？他们也都是二十多岁的人了，看着比自己年长几十岁的老师每天来回搬椅子，却没有人去帮一下，不应该呀！别说面对的是比自己年长的老师，即使面对的是一个年长的陌生人也应该帮一下。

　　在失望之余我心里又隐隐地有所期待，我期待下一次在我准备搬椅子的时候，有学生走过来对我说："老师，我来搬！"

今天是个好日子！我期待了一个星期的事情终于出现了——有学生主动给我搬椅子了！

学生自开始上课以来，他们每天的课堂教学都有进步，每天都给我带来惊喜。今天，在课堂教学之外，学生给了我一个别样的惊喜——他们终于意识到帮比自己年长的人尤其是自己的师长搬椅子是自己应该做的事。

今天，学生给我搬椅子，希望他们以后能给长者让座，给客人倒茶，给需要帮助的人送去温暖……没有人规定学生一定要做这些事情，但如果我们的学生能够经常做这些事情并形成习惯，他们就会成为社会上受欢迎的人。

（2019 年 10 月 29 日）

我们的课堂常常会因为学生的思考而出现沉默，遇到
这种沉默，老师千万不要怕冷场而马上打破它，因为这种
沉默很有价值，这种沉默就是金！

正确看待课堂上的沉默

一天，一位实习老师在上《城南旧事》这一课。

课上到一半的时候，这位实习老师的 PPT 中弹出一个问题："厚嘴唇的人"是一个怎样的人？

大约两分钟之后，这位实习老师问："'厚嘴唇的人'是一个怎样的人？哪位同学能够回答？"

教室里一片沉默。

"有同学能够回答这个问题吗？"实习老师有点着急了。

教室里仍然是一片沉默。

见没有学生能够回答这个问题，实习老师熟练地点击着鼠标，多媒体的大屏幕上弹出了答案：

（1）他是个穷人。（"我们娘儿仨，奔窝头，还常常吃了上顿没有下顿。"）

（2）他是个好哥哥。（"我小兄弟是个好学生，年年考第一，有志气……可凭我这没出息的哥哥，什么能耐也没有，哪儿供得起呀？"）

（3）他是个善良的"小偷"。（"我走这一步，也是事非得已。"）

提问之后，学生仅仅沉默了两分钟，实习老师就把答案放到屏幕上了。我估计这位实习老师是怕课堂冷场才这样做。教学中，这样做的实习老师不在少数。实习老师把学生在课堂上的沉默看作冷场，很多时

候，这是对课堂上的沉默的误解。

教学中，我们要正确看待课堂上的沉默。

有时候，课堂上的沉默是金。

"'厚嘴唇的人'是一个怎样的人？"对于一批基础不太好的学生来说，这是一个大而难的问题。虽然要求学生课前做预习，但要他们在两分钟左右的时间里组织起答案并不是那么容易的事情。所以老师提出这一问题之后，学生的沉默是正常的，因为他们需要更多的时间去思考。当时听课的时候，我观察到很多学生正在思考着。我想，如果实习老师不那么着急，多让学生思考几分钟，他们或许就能够回答出这个问题了。

如果实习老师明白学生的沉默往往意味着他们正在积极思考，就一定会尊重和珍惜学生这种非常有价值的沉默，一定会用足够的耐心去等待学生的思考了。我们的课堂常常会因为学生的思考而出现沉默，遇到这种沉默，老师千万不要怕冷场而马上打破它，因为这种沉默很有价值，这种沉默就是金！

有时候，课堂出现沉默之后是精彩。

最近，我看了好几位全国著名的特级教师的上课实录。在他们的上课实录里，不时可以看到"沉默"这个词语。显然，这些特级教师并不掩盖他们课堂上学生也有沉默的事实。仔细阅读这些特级教师的课堂教学实录，我们不难发现，学生沉默之后，紧接而来的往往是授课老师精彩的教学——老师铺路搭桥，化大为小，化难为易，一步一步地启发引导学生思考问题、解决问题，学生在老师的启发引导之下有了意想不到的收获。

《城南旧事》中，"厚嘴唇的人"是一个怎样的人呢？这个问题的答案就隐藏在下列句子中：

我们娘儿仨，奔窝头，还常常吃了上顿没有下顿。

我小兄弟是个好学生，年年考第一，有志气……可凭我这没出息的哥哥，什么能耐也没有，哪儿供得起呀？

我走这一步，也是事非得已。

上面这位实习老师在提问后遭遇了学生的沉默，如果这位老师能够引导学生反复朗读、揣摩这些句子，"'厚嘴唇的人'是一个怎样的人?"这个大而难的问题就能迎刃而解，课堂上的沉默就能转化为精彩的教学片段了。

我相信，下次上课遭遇学生的沉默时，这位实习老师会变得从容一些。

（2019 年 11 月 9 日）

我发现，实习老师在介绍课文作者时大都恨不得把自己所知道的知识全都告诉学生。

不能把自己知道的全都告诉学生

一般来说，每上一篇新的课文，老师都会让学生了解作者。这几个星期，我一共旁听了十几位实习老师上课。我发现，实习老师在介绍课文作者时大都恨不得把自己所知道的知识全都告诉学生。

一位实习老师在上《哈姆雷特》这一课时，通过 PPT 这样向学生介绍作者莎士比亚：

莎士比亚是欧洲文艺复兴时期英国伟大的诗人和戏剧家，被马克思誉为"最伟大的戏剧天才"。他出生于 1564 年 4 月 23 日，巧合的是，又卒于 1616 年 4 月 23 日。于是，英国人便把每年的 4 月 23 日定为"莎士比亚戏剧节"。

主要作品，分为三个时期：

（1）早期（1590—1600 年）：这时期作者对生活充满乐观主义精神，相信人文主义思想可以实现，因而所写的历史剧和喜剧都表现出明朗、乐观的风格。历史剧如《理查三世》《亨利三世》等，谴责封建暴君，歌颂开明君主，表现了人文主义反封建暴政和封建割据的开明政治理想。喜剧如《仲夏夜之梦》《第十二夜》《皆大欢喜》等，描写温柔美丽、坚毅勇敢的妇女，冲破重重封建阻拦，最终获得爱情的故事，表现了人文主义歌颂自由爱情和反封建禁欲束缚的社会人生主张。就连这时期写成的悲剧《罗密欧与朱丽叶》也同样具有不少明朗乐观的因素。

（2）中期（1601—1607 年）：莎士比亚深感人文主义理想与现实的矛盾越来越加剧，创作风格也从明朗乐观变为阴郁悲愤，其所写的悲剧不是重在歌颂人文主义理想，而是重在揭露批判社会的种种罪恶和黑暗。这一时期，莎士比亚创作了四大悲剧：《李尔王》《哈姆雷特》《奥赛罗》《麦克白》，其中代表作是《哈姆雷特》。

（3）晚期（1608—1612 年）：莎士比亚深感人文主义理想的破灭，乃退居故乡写作浪漫主义传奇剧。其创作风格也随之表现为浪漫空幻。《辛白林》和《冬天的故事》写失散后的团聚或遭诬陷后的昭雪、和解。《暴风雨》写米兰公爵用魔法把谋权篡位的弟弟安东尼奥等所乘的船弄到荒岛，并宽恕了他，其弟也交还了王位。一场类似《哈姆雷特》的政治风暴，在宽恕感化中变得风平浪静。

这位实习老师在 PPT 中写着"作者简介"，但这些介绍作者的文字已经超过 600 字，在中学的语文课堂上，这已不能被称为"简介"了。

另一位实习老师在上《书愤》这一课时，这样向学生介绍作者陆游：

陆游（1125—1210 年），字务观，号放翁，越州山阴（今浙江省绍兴市）人，尚书右丞陆佃之孙，南宋文学家、史学家。

陆游生逢北宋灭亡之际，少年时即深受家庭爱国思想的熏陶。宋高宗时，参加礼部考试，因受秦桧排斥而仕途不畅。宋孝宗即位后，赐进士出身，历任福州宁德县主簿、敕令所删定官、隆兴府通判等职，因坚持抗金，屡遭主和派排斥。乾道七年（1171 年），应四川宣抚使王炎之邀，投身军旅，任职于南郑幕府。次年，幕府解散，陆游奉诏入蜀，与范成大相知。宋光宗继位后，升为礼部郎中兼实录院检讨官，不久即因"嘲咏风月"罢官归居故里。嘉泰二年（1202 年），宋宁宗诏陆游入京，主持编修孝宗、光宗《两朝实录》和《三朝史》，官至宝章阁待制。书成后，陆游长期蛰居山阴，嘉定二年十二月二十九日（1210 年 1 月 26 日）与世长辞，留绝笔《示儿》。

小结：

少年时陆游就立下了"上马击狂胡，下马草军书"的志向。他生在民族矛盾尖锐、国势危迫的时代，一贯坚持抗金主张，怀着"铁马横戈""气吞胡虏"的英雄气概和"一身报国有万死"的牺牲精神，决心"扫胡尘""靖国难"。在政治斗争中，屡遭朝廷投降派的排挤、打击，可他始终不渝地坚持自己的理想。

嘉定二年，85 岁的老诗人抱着"死前恨不见中原"的遗憾离开人世，临终作诗仍念念不忘北伐和收复失地。

这位实习老师对作者的介绍也不能算作"简介"了。

两位实习老师在课堂上不厌其烦地详细介绍课文作者，恨不得把自己学到的相关知识全都告诉学生，这种做法在初上讲台的实习老师当中是相当普遍的。

应该说，两位实习老师这样做的出发点是好的，他们很想让学生多学一点知识。但是，在中学的语文课堂上，老师不能把自己知道的知识全都教给学生。原因如下：

其一，时间上不允许。

在介绍课文的作者时，如果老师把自己知道的知识全都教给学生，要花不少时间。有的老师在介绍课文作者时，自己先讲一遍，再让学生对着 PPT 读一遍，又让学生再看一看，前后花了五六分钟。与其他内容相比，课文的作者简介算不上教学的重难点，不能花太多的时间在这上面。压缩其他内容的学习时间，增加介绍作者的时间，这是一种浪费。一节课 45 分钟，每分钟都珍贵无比，时间上不允许我们那样做。

其二，没有必要。

课本是老师开展教学的重要依据。如果课本里对课文的作者做了详细的介绍，老师当然要依据课本详细介绍课文的作者。但无论是初中还是高中，课本都没有详细介绍作者。例如，七年级《语文》（上册）这样介绍安徒生："安徒生，丹麦作家，代表作品有童话《卖火柴的小女孩》《海的女儿》《丑小鸭》等。"又如，《普通高中教科书·语文》（必修上册）这样介绍茹志鹃："茹志鹃（1925—1998），浙江杭州人，作家。代表作有短篇小说《百合花》《剪辑错了的故事》等。"详细介绍作者的生平及作品，是大学汉语言文学专业的教学内容。对于作者，中学语文课本都只是进行简要的介绍。因此，课堂教学中在介绍作者时，老师没有必要进行太多的拓展，更不能把本应在大学学习的知识下移到中学课堂来要求学生掌握。

如果诗文中所写的内容与作者生平中的某一点密切相关，需要知人论世，老师上课时当然要多花点时间加以强调。除此之外，只需根据课本的注解，让学生从出生地、国籍、朝代、身份、代表作等几个方面了解作者即可。

总之，限于时间，同时也考虑课本的要求，在介绍作者时，老师需要对自己所知道的知识进行适当的删减，不能一股脑把自己知道的全都告诉学生。

（2019 年 11 月 11 日）

一屋不扫，何以扫天下？

办公室里的垃圾

昨天上午九点多，我轻轻地推开门，走进了实习生的办公室。

奇怪！办公室里怎么会有股异味呢？我往四周看了一下，发现门后的垃圾桶已经满了，垃圾桶的周围还掉下不少垃圾，有用过的餐巾纸、餐盒和饮料盒等。看样子，实习生至少有两天没有倒垃圾了。我看看垃圾，又看看办公室，发现二十多名实习生坐在那里，有的在看手机，有的在看电脑，有的在看书。办公室里静悄悄的，没有人注意到我的到来。

我清了一下嗓子，说："垃圾桶满了，要倒了。"

有几个学生抬起头来，不约而同地说："知道了，老师。"

我和实习生讲了一些备课、上课的事情后准备回去，临走之前，我对他们说："记得把垃圾倒了。"

几个同学说："好的。"

今天上午十点，我到实习生办公室准备和他们开会。走进办公室，我惊讶地发现，垃圾居然还在那里！而且又增加了不少！

我问："垃圾怎么还没倒呢？"

没人出声。

开会的时间到了，我先和实习生开会，回答他们非常关心的实习经费的使用问题。

开完会，我特别提到了办公室门后的垃圾："你们昨天不是说了要倒垃圾吗？怎么到了今天垃圾还在那里呢？一屋不扫，何以扫天下？"

"如果谁都不愿意去倒，你们可以轮流去倒嘛。"我无奈地说。

"老师，我们就是轮流着倒垃圾的呀。"有同学说。

"那为什么没有人去倒呢?"

"轮到的那位同学有事没有来。"

"那位同学没来就没有人去倒垃圾了吗?"我说,"如果今天来办公室的时候,我在走廊里看到有同学去倒垃圾,会立即对这位同学产生好感的。"

大家不再说话了。

"你们当中有没有党员呢?"

"有的。"

"那今天由党员同学把垃圾倒了吧。"我做了安排。

安排完倒垃圾的任务后,我郁闷地走出了实习生的办公室。室外阳光灿烂,天高气爽,我深深地吸了一口气,内心的郁闷一下子舒缓了不少。

（2019 年 11 月 21 日）

因为能够抓住关键字眼进行教学，陈伟君这节课的教学是扎实而又高效的。

善于抓住关键字眼

姜夔的《扬州慢》自己慢慢读还可以，若是把它作为教学内容去开展教学，我觉得有点难。11 月 25 日，实习生陈伟君在高二（7）班教授这首词时，我为她捏了一把汗。出乎我的意料，陈伟君这节课上得相当不错。善于抓住关键字眼，是她这节课的一大亮点。

《扬州慢》上片的"空"字，写出扬州今日的荒凉萧条；下片的"惊"字，想象杜牧重游之惊，写出词人心中的悲凉。在教学这首词时，陈伟君引导学生紧紧抓住上片的"空"字和下片的"惊"字，通过这两个字去领悟作者的黍离之悲。整体把握内容之后，陈伟君推出了突出"空"和"惊"两字的板书，进一步加深学生对作品的理解。

在引导学生品味语言时，陈伟君设计了这样一道思考题："清角吹寒"中的"寒"字，有什么含义？请从环境、物象特点、人物心理等方面进行分析。

在这一教学环节中，陈伟君引导学生抓住"清角吹寒"中的"寒"字，从多个角度进行分析，把握"寒"字的三重含义——天寒、声寒、心寒，进而理解词人的沉痛心情。

因为能够抓住关键字眼进行教学，陈伟君这节课的教学是扎实而又高效的。

（2019 年 11 月 25 日）

> 杨岳柔虽然是第一次讲课，但她给了我一个不小的惊喜。

让学生"动"起来

今天上午第二节课，我在高二（5）班听实习生杨岳柔上了李白《梦游天姥吟留别》这一课。杨岳柔虽然是第一次讲课，但她给了我一个不小的惊喜，她上的这节课，可圈可点之处不少。那些亮点中，给我印象最深的一点是杨岳柔上课时善于让学生"动"起来。

杨岳柔上的这节课学习气氛浓厚，课堂活跃，之所以有这样的效果，主要是因为杨岳柔善于让学生在课堂上"动"起来。

让学生动口读

《梦游天姥吟留别》这首诗的题目，很容易读错，很多人把"天姥（mǔ）"读成"天姥（lǎo）"，杨岳柔一上课就让学生读一读题目。"吟"是古典诗歌的一种名称，学生对"吟"是比较陌生的，杨岳柔把"吟"的特点放进PPT中展示出来，并让学生集体朗读。课本注释①能够帮助学生了解该诗的写作背景，杨岳柔安排学生集体朗读注释①。

以上内容，很多实习生上课时都是自己读、自己讲，但杨岳柔没有代替学生，而是让学生读题目、读"吟"的特点、读课本注释①。接下来，杨岳柔还让学生用各种形式朗读了课文：

（1）听完录音，集体仿读；

（2）整体把握课文后，集体朗读；

（3）学完主要内容后，让个别学生激情朗读。

整堂课书声琅琅。通过朗读，学生读准了题目，记住了"姥"的读音；了解了"吟"这种体裁和《梦游天姥吟留别》的形式特点；清楚了这首诗的写作背景，加深了对诗歌内容和情感的理解。也是通过反复的朗读，学生突破了"背诵"这个难点。

让学生动口讲

课堂上，杨岳柔敢于放手让学生讲，也舍得花时间让学生讲。

"全诗按照什么顺序展开？"这个问题在PPT上放出来之后，杨岳柔没有自己讲，更没有马上公布答案，而是让学生先讲，她进行补充后再把参考答案公布出来。

同样，"每句诗的大体意思是什么呢？"杨岳柔也没有代替学生讲，她先让个别同学讲，接着让其他同学纠正、补充，然后师生一起把大意讲一遍，最后才通过PPT把参考译文展示出来。

进入思考探究环节，杨岳柔先安排学生开展小组讨论，接着鼓励各组同学大胆讲出自己的理解。在老师的鼓励下，学生踊跃发言，气氛活跃，精彩的发言多次让教室里爆发出热烈的掌声。

让学生动脑想

教学进入探究这个环节后，有些问题把学生难住了，课堂几度出现"冷场"。面对冷场，杨岳柔没有慌张，也没有马上把答案展示出来"救场"，而是给学生足够的时间去思考，让学生思考之后再讲。学生经过思考之后，对问题有了进一步的理解，最终讲出了正确的答案。思有所获，发言者显得很兴奋；其他同学也受到鼓舞，更加积极参与课堂互动，后面学生的发言也更加精彩。

下课铃响了，坐在我旁边的指导老师周小青兴奋地问我："课上得怎么样？"

我高兴地回答："很不错啊！学生都动起来了！"

"确实不错！这些实习生很灵活，把我们老师平时上课的方法都学到了。前几天我和他们说，课堂上遇到难题，要让学生先进行讨论，今天杨岳柔就用上了。"小青老师说。

一起走出教室，我发现小青老师满脸都是笑容。

（2019 年 11 月 26 日）

　　李卫萍的激情朗读让学生深受感染。朗读结束时，教室里响起了热烈的掌声。

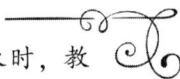

激情朗读，收获热烈掌声

　　12月3日，在高一（14）班的教室里，实习老师李卫萍在上毛泽东的《沁园春·长沙》这一课。

　　教学进入朗读环节。李卫萍先让学生听录音，接着让学生集体朗读。学生在朗读过程中，有些地方节奏把握不准，有些地方感情表达不到位。李卫萍一一给学生指出。接着，她有点羞涩地说："我来读一遍吧。"学生听了很兴奋，都望着讲台上年轻的实习老师。李卫萍微微一笑，深深吸了一口气，清了一下嗓子，开始朗读。一开始她有点放不开，声音有点小，但很快调整过来，提高音量，大声朗读。越到后面，她读得越好，读得激情澎湃，读出了诗词中的英勇无畏和壮志豪情。她一边朗读，一边走下讲台，走到学生中间。读到下阕时，李卫萍已经完全进入诗词的意境中，一边朗读，一边不自觉地辅以手势。

　　李卫萍的激情朗读让学生深受感染。朗读结束时，教室里响起了热烈的掌声。

（2019 年 12 月 3 日）

我惊喜地发现招思羽的上课水平已经有了明显的提高：上课时，她不再急于把参考答案展示给学生，而是给予学生足够的时间，让他们思考和练习。

进步令人刮目相看

和大多数实习生一样，招思羽第一次上课时，存在这样的缺点：讲得太多，给学生思考的时间太少，提出的问题，学生还来不及思考，她就急不可耐地在 PPT 上把参考答案展示出来。一个多月过去了，昨天晚上看了招思羽教授周邦彦《苏幕遮》的教学录像，我惊喜地发现招思羽的上课水平已经有了明显的提高：上课时，她不再急于把参考答案展示给学生，而是给予学生足够的时间，让他们思考和练习。

教授《苏幕遮》的上阕时，招思羽没有做过多的解说，而是让学生在朗读的基础上思考并回答下面的问题：

上阕中有哪些意象？这些意象构成了一幅怎样的画面？表达了作者怎样的思想感情？

问题提出后，招思羽这样引导学生：描述词中展现的图景画面时，要抓住词中的主要景物，展开联想和想象，用自己的语言真实再现词中所写画面；在分析作者的思想感情时，要避免空洞，要结合所写景物具体作答。

招思羽要求学生思考后把答案写出来。有两个学生走上讲台，在黑板上写下答案。至此用了 8 分钟。两个学生写的答案与参考答案有一定的距离，这时，招思羽并不急于给出参考答案，而是用了 4 分钟对两个学生的答案做了中肯的点评，然后引导学生进行修改并口头作答，最后才在 PPT 上把参考答案展示出来。从提出问题到展示参考答案，前后用了 12 分钟。

当初是问题提出来之后马上给出参考答案，现在是给予足够的时间让学生思考、作答，老师进行点评指导后再给出参考答案，招思羽在教学上的进步令人刮目相看！

（2019 年 12 月 6 日）

功夫不负有心人，因为用心，潘婉翘收获了不少的精彩。

因为用心，所以精彩

今天下午第一节课，我在高二（7）班旁听实习生潘婉翘的课——纳兰性德的《长相思》。潘婉翘的这节课绽放出令人惊喜的精彩。

精彩之一：突出学生的主体地位

这节课突出了学生的主体地位，整堂课安排学生进行听讲、朗读、思考、讨论、讲解等多种活动。整个教学过程中，学生是主角，老师只有在必要的时候才进行讲解。

课堂教学过程中，我们很多老师经常不自觉地和学生抢时间，学生还没来得及思考，老师就忙于讲解，急着在PPT上把答案展示出来。实习生潘婉翘上课时不和学生抢时间，让学生做课堂的主人，有足够的时间去朗读、思考、讨论和组织答案。作为初上讲台的实习老师，能够做到这一点实属不易。

精彩之二：充分发挥老师的指导作用

潘婉翘的这节课，在突出学生主体地位的同时，还充分发挥了老师的指导作用，这突出表现在朗读环节中。在学生开始朗读之前，潘婉翘对学生进行了指导。

她强调，上阕中的"山一程，水一程"要读得低沉一点；"身向榆关那畔行"一句中，"身"字要重读，要突出"人在旅途、身不由己"

的沉重，"榆关"之后稍作停顿，"那畔行"三字宜读得轻、缓，要读出征途的遥远、天地的苍茫之感。在下阕的教学中，潘婉翘告诉学生，"风一更，雪一更"中的"风""雪"二字宜重读，从而营造出风雪肆虐之景象，两个"一更"声调要读得缓长，让人有风雪交加、长夜不绝之感。她还指出，"聒碎乡心梦不成"一句中，读"聒碎乡心"时语速要快一些，而"梦不成"三字则应读得缓慢，一字一顿，与前面四个字的朗读速度形成反差，这样更能突出词人的伤感。潘婉翘在指导朗读时，除了给学生讲授朗读的方法，还进行了有感情的范读，收到良好的教学效果。

精彩之三：走近学生，关注学情

朗读活动结束后，潘婉翘要求各小组对以下四个问题进行讨论：

（1）上阕中，哪个字最能表现出作者思乡的幽怨之情？

（2）思念故园的诗歌大多会用到"灯"这个意象，但是往往会说"孤灯""残灯"。纳兰性德为什么不写"夜深孤帐灯"而写"夜深千帐灯"？

（3）下阕中，哪个字最关键？

（4）你从"故园无此声"中体会到了什么？

在学生讨论的过程中，潘婉翘不是在讲台上做自己的事情，也不是站在讲台上看学生讨论，而是走下讲台，走到学生中间，在各小组间来回走动，了解各小组的讨论情况，不时和学生进行交流，掌握学生的学习情况。正因为如此，接下来的教学中她才能够对学生进行有针对性的指导。

精彩之四：课件真正服务于教学

一些老师制作课件没有结合文本的特点，一味追求内容丰富，画面华美，结果学生上课时关注课件多于关注文本，那样就违背了课件必须最大限度地服务于文本学习的宗旨。

潘婉翘所做的《长相思》的课件，突出了教学的重难点，简洁明了，没有与教学无关的图案，更没有喧宾夺主；课件朴素平实，色调偏冷，与《长相思》所营造的意境、所抒发的情感是一致的。这样的课件有利于学生静下心来阅读文本，思考问题。

我了解到，潘婉翘为了上好课，备课一直非常用心。功夫不负有心人，因为用心，潘婉翘收获了不少的精彩。祝用心做事的潘婉翘在以后的工作中收获更多的精彩！

（2019 年 12 月 11 日）

这些精彩，我看在眼里，喜在心上。

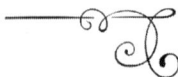

你的精彩，我能看见

最近一段时间，实习生们的表现可圈可点。他们的课堂常常会绽放出一些令我意想不到的精彩。这些精彩，我看在眼里，喜在心上。

陈颖琪：迎难而上　化难为易

课文《种树郭橐驼传》是唐代文学家柳宗元的作品。这是一篇具有政论色彩的传记文，也是一个讽喻性极强的寓言故事。学生学习这篇课文时，不容易理解故事与主题之间的关系，即郭橐驼种树与唐朝地方官吏的扰民、伤民还有作者改革弊政的愿望有什么联系。

《种树郭橐驼传》的教学难度是比较大的。实习老师陈颖琪12月12日在高二（8）班教这篇课文时，迎难而上，在教学中适时切入写作背景，启发学生通过了解写作背景进而理解文章的主题。陈颖琪在教学中善于选择时机，她不是在讲授文本之前就介绍课文的写作背景，而是在学生把握课文主题出现困难时，适时切入写作背景的介绍，让学生很快明白课文主题与写作背景之间的关系，进而很好地把握了课文的主题。

陈颖琪这种化难为易的教学技巧让我很是惊喜。

林雅晴：温柔可亲，富有亲和力

12月12日，实习老师林雅晴在高二（10）班上苏洵的《六国论》

这一课。林雅晴先用一个有趣的故事导入，接着有条不紊地引导学生学习课文。整堂课上得可圈可点，她上课时表现出来的亲和力给我留下非常深刻的印象。

我观察到，上课过程中，林雅晴大多数时候是走下讲台，走进学生中间。她温柔可亲，富有亲和力：每次提问，她都鼓励学生不要胆怯，要大胆说出自己的想法；学生回答问题时，她神情专注，认真倾听；学生被难题卡住时，她走近学生，面带笑容，与学生进行面对面交流。在林雅晴老师的引导下，同学们顺利完成了《六国论》的学习任务。

(2019 年 12 月 12 日)

我表扬吴宜昕：“很不错！学生被问题卡住时，你懂得用'温故知新'教学法去引导他们。”

指导学生"温故知新"

今天上午第二节课，实习生吴宜昕在高二（5）班上李白的《将进酒》这一课。

前半节课上得很顺利：介绍作者、了解写作背景、朗读……吴宜昕按照自己事先设计好的流程，有条不紊地开展教学，学生积极参与，师生互动良好，学习气氛浓厚。到了"诗歌鉴赏"环节，吴宜昕提问：诗歌开头"君不见黄河之水天上来，奔流到海不复回。君不见高堂明镜悲白发，朝如青丝暮成雪"几句采用了什么手法？

有学生回答："夸张。"

"对，夸张，这个容易理解。"

"还有吗？"

学生沉默了。

"这首诗一开头就写黄河之水天上来，奔流到海不复回，可是这首诗的目的不是写黄河，而是用黄河之水引出时间一去不复返，应该及时行乐的观点，这属于什么手法呢？"

学生还是回答不出来。

吴宜昕这样启发学生："大家已经学过《氓》，那首诗中有几句采用的手法和这几句是一样的，想起来了吗？"

学生仍然想不起来。

于是吴宜昕读《氓》中的句子："桑之未落——"学生马上跟着读出来："其叶沃若。"

吴宜昕接着读："桑之落矣——"学生又马上跟着读出来："其黄

而陨。"

有学生想起来了："是起兴!"

吴宜昕高兴地说："对，是起兴，《氓》采用了起兴的手法，《将进酒》也采用了这种方法，诗一开始就由黄河起兴……"

评课时，我表扬吴宜昕："很不错! 学生被问题卡住时，你懂得用'温故知新'教学法去引导他们。"

吴宜昕听了，有点得意地笑了。

(2019 年 12 月 16 日)

现在站在讲台上，黄慧玲已初步具有老师的范儿了。

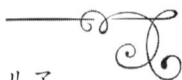

从容淡定，初现老师范儿

实习生黄慧玲11月7日在高二（1）班教李清照的《一剪梅》时，各个教学环节安排给学生自主学习的时间很少，问题提出之后，她没有给学生足够的时间去思考和练习就以很快的语速把答案告诉学生。我当时感觉到她上课很赶——赶时间，赶着把答案告诉学生。12月12日，同样是在高二（1）班，我听了黄慧玲上另外一篇课文《种树郭橐驼传》（第一课时）。这次上课，黄慧玲不再赶，已经能够做到从容淡定了。

在上《种树郭橐驼传》（第一课时）的时候，黄慧玲重点引导学生了解：郭橐驼是一个什么样的人？对于这个问题黄慧玲没有像上次那样很快地给出答案，而是把这个大问题分为几个小步骤来引导学生学习。

（1）朗读全文；

（2）让学生翻译突出表现"郭橐驼是一个什么样的人"的文段；

（3）引导学生了解郭橐驼的外貌、性格和特长；

（4）要求学生给郭橐驼制作一份个人简历。

在翻译环节中，学生翻译得不是很流畅，几次停顿下来。黄慧玲面带笑容，耐心等待，温和提示，给学生足够的时间去思考、作答和纠正错误。

在引导学生了解郭橐驼的外貌、性格和特长这一环节中，黄慧玲也不急于给出答案，而是引导学生细读文本，寻找依据并深入思考。例如，有学生还没细读文本就很快说出郭橐驼种树技术高超，黄慧玲问学生从哪些语句中可以得出这个结论，引导学生找出"凡长安豪富人为观游及卖果者，皆争迎取养""视驼所种树，或移徙，无不活；且硕茂，早实以蕃""他植者虽窥伺效慕，莫能如也"等语句细细品味。又如，有学生说郭橐驼"性情诙谐""坦荡豁达"，黄慧玲问学生为什么这样说，引导学生思考讨论之后，才在 PPT 上展示答案：残疾者多忌讳他人言及自己的缺陷，郭橐驼竟欣然接纳"驼"名，还自谓"橐驼"，可见其性情诙谐、坦荡豁达，不因残疾而自卑自怜。

郭橐驼是一个什么样的人呢？老师一般只是引导学生阅读文本，得出结论。但是黄慧玲不止于此，她有更为精彩的设计：在引导学生阅读文本，得出结论之后，安排了这样一个课堂教学活动——让学生给郭橐驼制作一份个人简历！在这个教学活动中，学生兴致很高，争抢作答，学习气氛浓厚。

从学生对问题的回答中可以知道，黄慧玲这节课的教学是很有效果的。

经过多次锻炼，实习生黄慧玲变得从容淡定，上课时，不再赶着把答案告诉给学生。现在站在讲台上，黄慧玲已初步具有老师的范儿了。

（2019 年 12 月 17 日）

了解到刘铠源、潘泽珠两位同学的实习表现后，我和张老师一样：除了满意，还有感动！

除了满意，还有感动

刘铠源、潘泽珠两位女同学在爱周高中实习，负责指导她们班主任工作的是张树磊老师。

张老师对刘铠源和潘泽珠的班主任工作非常满意。几次遇到我，张老师都表扬了她们，说她们态度认真、工作细致，实习两个多月以来，对班里的情况已经了如指掌，在家长会上能够具体、详细地向家长汇报学生在校的情况；说她们关心学生，与学生打成一片，把学生视如弟弟妹妹；说她们能力强，几经锻炼，现在已经可以单独主持班会……

昨天，我打电话给张老师，想进一步了解两位同学的实习表现。谈起刘铠源、潘泽珠两位的表现，张老师除了满意，言辞中还充满感动。

张老师说，前段时间，他的母亲患病住院，学校和家庭他没办法两头兼顾，因此非常焦虑。刘铠源、潘泽珠知道情况后，主动承担了大部分的班主任工作，她们从早到晚跟班管理学生，还多次打电话给张老师，劝慰他安心照顾母亲。刘铠源、潘泽珠请张老师放心，她们一定会把高二（16）班管理好。在张老师母亲住院期间，她们真的帮助他把高二（16）班管理得很好，学生正常学习，遵守纪律。正因为如此，张老师得以安心照顾住院的母亲，让母亲身体得到较快的恢复。说到这些，张老师很是感动。

刘铠源、潘泽珠让张老师感动的，还有另外一件事。前段时间，在爱周高中就读的一对姐弟家里发生变故，陷入困境。师生们纷纷伸出援手，帮助这对姐弟。刘铠源、潘泽珠两位实习生和高二（16）班的学生一起参加了爱心捐款，她们各捐了 100 元。张老师知道后，和刘铠源、潘泽珠说:"你们还是学生,经济上还没有独立,捐这么多钱会影响到你们的生活,你们可以少捐一点。"刘铠源、潘泽珠表示,她们已经和父母说了这件事情,她们的父母都非常支持她们做这件事情。张老师在电话里和我说:"这件事情让我很感动。"

了解到刘铠源、潘泽珠两位同学的实习表现后,我和张老师一样:除了满意,还有感动!

(2019 年 12 月 18 日)

> 如何避免实习、考研准备与毕业论文写作之间发生冲突呢？统筹兼顾是最好的方法。

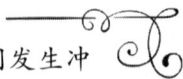

学会统筹

下午，我通过微信向一位在一所初级中学实习的同学了解她的实习情况，我问这位同学："你现在感觉怎样？"

这位同学回复我："说实话，我感觉还挺辛苦的。因为我是住在我们学校，离实习学校挺远的，所以每天早上6点多就要出门了，中午也不能回来学校休息，就在实习学校的办公室趴着睡觉。因为实习学校比较缺老师，所以老师们的工作量很大，实习老师的工作自然也不会太轻松。就我本人而言，实习、考研准备与毕业论文写作三者很难兼顾，我挺郁闷的。"

我鼓励她迎难而上，学会统筹，还鼓励她把实习经历和体验写成文章："你现在可以写一篇《累且有所收获》，将来可以写一篇《学会统筹》。"

她回复我一个"好的"的表情，似乎郁闷情绪有所缓解。

确实，实习、考研准备与毕业论文写作，三者在同一时间段里进行，安排不好，就容易发生冲突，其中实习与考研准备的冲突尤甚。我了解到，这位同学在实习过程中的所遇所感，同期其他实习生也有类似情况。

如何避免实习、考研准备与毕业论文写作之间发生冲突呢？统筹兼顾是最好的方法。

如何做到统筹呢？

著名数学家华罗庚写过一篇文章《统筹方法》。在那篇文章中，他以烧开水泡茶为例，把统筹方法说得浅显明白。

　　华罗庚在文章中讲了三种烧水泡茶的经过，第一种是先洗水壶，然后烧水。在烧水的过程中可以同时洗茶壶、洗茶杯、拿茶叶，这样做完以后只要等待水烧开就可以泡茶了，中间只需花费 16 分钟。第二种是先洗水壶，接着洗茶壶、洗茶杯、拿茶叶，然后烧水，再泡茶。这个过程共花了 20 分钟。第三种是先洗水壶，接着烧水，然后拿茶叶、洗茶壶、洗茶杯，最后泡茶。这样花费的时间也是 20 分钟。显然，第一种方法对时间的安排是最恰当的，比其他两种方法节省了 4 分钟。

　　华罗庚在《统筹方法》一文中还谈到其他方面的统筹，实习的同学可以认真阅读这篇文章，从中学习借鉴。

　　在往年的实习工作中，同学们的不少师兄师姐能够统筹兼顾，做到实习、考研准备与毕业论文写作三不误。去年招思羽师姐在实习期间善于统筹，在努力做好实习工作的同时，见缝插针，认真做好考研准备和毕业论文的写作。在实习中，她收获满满，不但学到了当一名中学老师应当具备的知识与技能，还顺利完成了毕业论文的写作。更加令人羡慕的是，实习结束后，招思羽还收到了广西师范大学的研究生录取通知书！

　　希望正在实习的同学，在实习过程中能够像招思羽师姐那样，学会统筹，做到实习、考研准备与毕业论文写作三不误，成为人生的大赢家。

（2020 年 10 月 21 日）

实习生在实习的过程中遇到了问题，为什么没有及时与我沟通呢？我得好好反思一下自己的工作方式了。

为什么没有和我说呢？

国庆之后，岭南师范学院6个专业的71名同学进入湛江市爱周高中开始实习。为了做好实习工作，在此之前，爱周高中教务处和岭南师范学院的带队老师早已联合组建起实习工作群，截至今天，实习工作群已经有128人。

这个群里有几十名爱周高中的领导和老师。他们是爱周高中教务处、总务处、体卫艺处、德育处和装备中心等部门的主任以及年级组长、科组长和实习班级的班主任与任课老师。在爱周高中的实习工作方案里，这些领导和老师都安排有具体的工作，他们的名字后面都备注了电话。实习生有什么问题可以直接打电话向指导老师和相关部门的主任咨询和反映。

看到爱周高中发在实习工作群里的实习工作方案，我很是感动，心想实习基地有这样的服务意识和服务措施，实习生的实习工作一定能顺利开展。

一百多人的实习工作群是一个很好的工作平台。刚开始的那段时间，实习生在群里咨询和反映各种各样的问题：怎样搬行李？怎样吃上饭？热水出现问题找谁解决？没有地方充电怎么办？……各个部门的主任都不厌其烦，第一时间在群里耐心回答实习生的问题。

实习生毕竟是年轻人，还有些不成熟，有时难免急躁，遇到一些事情没能马上得到解决，就有人在群里埋怨、发牢骚甚至冷嘲热讽。我看了这些话后觉得一些实习生不懂事，没有感恩之心，也怕爱周高中的领导、老师看到那些不友好的话会心生不快，影响实习工作的顺利开展。我觉得很有必要对实习生进行教育。

我在群里发信息教育他们要懂得感恩："作为实习生，我们应该心怀感恩，我们要感谢实习学校提供了实习需要的一切，感谢指导老师的悉心指导，感谢学生不嫌弃我们经验不足。"我教育他们要珍惜实习学校的严格要求："爱周高中根据学校的具体情况对实习生提出了一些要求。之所以有所要求，是为了让大家更好地实习，同时也是对爱周高中的学生负责。这些要求如果我们觉得严格，建议大家尝试着去理解这种严格，珍惜这种严格，进而适应这种严格，享受这种严格带来的好处。"

我还教育他们有话好好说："我觉得，我们文传学院的同学反映问题可以有更好的表达，好的表达更有利于问题的解决。"

我的教育得到部分同学的响应，他们表示："感谢老师！我们会带着谦虚诚恳的态度去实习。保持谦卑低调，不给实习学校添麻烦。辛苦老师啦！""谢谢老师的教导，我们会秉承虚心的态度，珍惜实习的机会。""谢谢老师的悉心教导，我们会心存感恩，努力学习。"

经过几次教育和批评，实习群里极少有实习生发表不礼貌的言辞了。我悬着的心放了下来。可是，学生不反映问题，时间一长，我心里开始不安起来：学生真的没有什么问题需要解决了吗？他们心里服气我的教育吗？他们在实习工作中如果有问题而不愿意反映岂不更加糟糕？

昨天一位指导老师发信息问我："一位实习生换了指导老师，您知道吗？"

我心里一惊，赶紧和相关的同学了解情况，才知道一位实习生在工作中与学生发生了一点冲突，因此换到另一个班实习了。好在事情已经得到妥善处理。了解事情的经过后，我很纳闷：发生了这样的事情，这位实习生为什么没有和我说呢？

实习生在实习的过程中遇到了问题，为什么没有及时与我沟通呢？我得好好反思一下自己的工作方式了。

（2020 年 10 月 28 日）

重新与学生有了交流之后，我庆幸：还好，他们没有对我关上心门！

还好，他们没有关上心门

前段时间爱周高中实习队的同学在实习群里反映了他们在工作和生活中遇到的一些问题。我发现，同学们发在群里的信息除了有反映问题、困难的，还有埋怨、发牢骚、冷嘲热讽……我怕一些负面的情绪进一步传染和扩大，连忙发信息到群里教育他们要懂得感恩，要注意说话的方式。几次教育之后，新的问题来了——他们不再在实习群里说他们在工作和生活中遇到的问题和困难了。

多年的教育经验告诉我，学生不可能一下子什么问题都没有了，他们不说出来，只是因为不想说、不愿意说而已。

实习工作刚开始的时候，学生在群里是很活跃的，他们不但反映问题，也流露心声。那时，通过实习群，我既可以了解到他们遇到的问题和困难，也可以了解到他们的心情和想法。这段时间他们沉默之后，我就很难得知他们的真实情况了。

我反思自己的工作：学生为什么不想说了呢？我知道学生沉默的主要原因是我的强势教育！学生沉默，我不安。他们沉默的时间越长，我越不安。不安的情绪促使我试图去接近他们。好多次，我打电话、发信息问学生："最近感觉怎么样？""实习顺利吗？"他们回答我的几乎都是："感觉很好！""没问题！"我也和几位同学进行过面对面的交谈，他们也大都是这样回答我的。

我感到，学生与我之间的距离好遥远！

这样下去不行，我得想办法走近他们。

今天早上，我收到两位同学的信息，一位同学问我："最近几天在爱周高中的宿舍一直连接不上网络，在宿舍完全和外界联系不上，我想问一下，针对这个问题，我可以向学校的领导反映吗？"另一个同学和我说，她向爱周高中相关的领导反映了宿舍网络不畅的问题，还把她与相关领导的对话截图发给我。她说："这是我跟学校领导的聊天记录，要是有什么不妥之处希望老师您能够及时指正，同时也希望老师能理解我们因这件事情找学校领导反映的行为。"

在学生沉默较长时间后，我终于收到两位同学准备反映问题和已经反映问题的信息。我很高兴，连忙回复他们："有问题当然可以问，可以反映。"

我还和其中一位同学讨论了宿舍网络信号该不该屏蔽的问题。

这位同学有她的看法："我认为这种一刀切的行为是没有考虑周全的，我们确实有跟外界联系的需求，在教学区我们一般不会打私人电话，但回到宿舍我们需要跟家里人联系，一个星期都不跟家里人通话，这在我看来是不合理的。而且我们的查寝工作要跟班主任反馈，班会的主题也是在休息时间才发给我们，屏蔽了网络信号让我们有一些工作开展起来很困难。"

"凡事有利有弊，实习学校是权衡利弊后才屏蔽的。"

"好的。"

"这个'利'和'弊'是从全局来衡量的。怎样有利于学生的成长就怎样做。"

"好的。"

我知道，这位同学连说两个"好的"未必真的认同我的观点，但是，今天有机会与她交流，我感到很愉快。

重新与学生有了交流之后，我庆幸：还好，他们没有对我关上心门！

（2020 年 11 月 5 日）

主动请教，主动暴露不足，有利于我们把课备得更好。

主动请教

林颖红在岭南师范学院附中七年级实习，期中考试之后她就要上台给学生上课了。指导老师安排她上郑振铎的《猫》一文。

颖红非常认真地对待自己的第一次上课，她一接到任务就开始认真备课，刚才她把自己的备课成果——《猫》的教学设计和课件发给我，向我请教，请我给她的教学设计和课件提一些改进意见。

认真看了她的教学设计和课件后，我发现，她的教学思路很清晰，能够按照认知规律由浅入深，从感性到理性来安排教学流程。初次备课能做到这样已经是非常不容易了，我为她感到高兴。

当然，我发现她的这份教学设计也存在不足之处，比如教学目标和教学重点的设计有需要改进的地方。

下面是颖红为《猫》一文设计的教学目标和教学重点。

教学目标：
（1）掌握"逗""缕"等18个生字词。
（2）了解三只猫的不同外形、性情及在家中的地位。
（3）把握段落大意，理清文章思路。
教学重点：
（1）掌握"逗""缕"等18个生字词。
（2）了解三只猫的不同外形、性情及在家中的地位。

把"掌握'逗''缕'等18个生字词"作为初中课文的教学目标

和教学重点，这显然不符合 2011 年版《义务教育语文课程标准》的要求，由此可以看出颖红还没有真正掌握 2011 年版《义务教育语文课程标准》的相关要求，同时也可以看出她还不懂得如何利用课本的资源来确定一篇课文的教学目标和教学重点。

我想和颖红具体说说如何利用课本中的单元导语、预习提示以及课后的思考练习来设计这篇课文的教学目标和教学重点，于是就打通了她的电话。

我问颖红："你是根据什么来设计这篇课文的教学目标和教学重点的呢？"她沉默了一会儿，说自己备课时参考了网上的一些教学设计案例。我告诉她，同样一篇课文，在不同的教学阶段，教学要求是不同的。通过认真阅读 2011 年版《义务教育语文课程标准》，我们可以知道，掌握生字词是小学阶段的教学重点而不是七年级的教学重点，所以在设计七年级的课文《猫》的教学时，不能把"掌握'逗''缕'等 18 个生字词"作为教学目标和教学重点。

除了《义务教育语文课程标准》，《猫》这篇课文的教学目标、教学重点还可以根据什么来确定呢？

我告诉颖红，《猫》这篇课文的教学目标、教学重点其实就藏在它所在单元的导语以及《猫》一文的预习提示和课后思考练习题中，充分利用好课本的这些资源，就能快速准确地确定这篇课文的教学目标和教学重点。

通过电话，我和颖红一起研读了《猫》所在单元的导语、《猫》一文的预习提示还有课后思考练习题的相关要求，颖红终于豁然开朗，明白了设计课文教学原来是有依据的，她表示要根据我的指导重新设计《猫》的教学目标和教学重点。

颖红有点兴奋，当时已经是晚上十一点钟了，她还给我发来信息："通过老师您今晚的指导，我发现自己有很多不足的地方，今后我会继续努力。谢谢老师您对我的指导！"

我回复她："主动请教，主动暴露不足，有利于我们把课备得更好。"

(2020 年 11 月 8 日)

无人能够独自成功，我们的毕业生成功上岸的背后是无数人的默默服务和辛勤付出！

无人能够独自成功

九月中旬，准备去湛江市第十七中学实习的几位同学既兴奋又烦恼。兴奋的是，经过三年多的学习，自己很快就能走上讲台了；烦恼的是，他们发现第十七中学除了初中，还有小学，他们被分配到小学部实习，而他们把自己的就业方向定位于中学。

当时第十七中学实习的班级和指导老师都已经安排好了，重新调整要牵扯到初中部和小学部的几个班级和多位老师的工作安排，这是一件很烦琐的工作。

这可怎么好呢？

我有点为难，不怎么敢向第十七中学的领导提出重新调整的要求，可是考虑到自己学生将来的就业，我还是鼓起勇气给第十七中学的周校长发了信息："周校长，和您商量一件事，文传学院在贵校实习的四位同学打算以后到中学任教，所以非常想在贵校初中部实习，如果不是很麻烦的话，能否满足他们的愿望呢？给您添麻烦了！"

信息发出去之后，我很是忐忑。没想到周校长二话不说，重新做了调整，满足了几位实习生的愿望。

前段时间，在中山一所小学实习的小莫不小心丢了背包，那里面有他全部的实习资料。他的实习指导老师梁玉珍比他还着急，几次通过微信和电话与我联系，直到确定这件事不影响实习才放下心。

这个学期文传学院有十几名同学在爱周高中实习，实习开始后，我每天都关注爱周高中的实习群，我发现，学生经常把各种各样的问题反映到实习群里。

"黄主任,您好,女生宿舍 514 的厕所灯坏了,已经两天没有亮了,麻烦您安排人维修一下,谢谢老师!"

"梁主任,办公室的网络怎么认证不了呢? 现在急需上网查资料做 PPT 课件、交材料! 麻烦帮忙解决一下,可以吗? 谢谢!"

"黄主任,您好,女生宿舍 224、225 这两天洗澡水都不热,可以麻烦您派师傅查看一下原因吗? 谢谢老师!"

"梁主任,您好,我想用一下 709 演练室,但是没有钥匙,开不了门,请问我可以找谁拿钥匙开门呢?"

"梁主任,晚上好! 刚刚去充值机充钱,发现卡插不进去,不知道是不是充值机出故障了,麻烦您找人处理下,好吗? 辛苦啦!"

在实习群里,实习生各种各样的问题都能很快得到各个部门负责人的回应。各部门各司其职,实习生在工作和生活中遇到的问题总能及时得到解决。

去年的这个时候,在爱周高中的教学楼周兴楼,我几次看到这样的场面:实习指导老师葛芬芳拿着本子站在教室门口的走廊上,几名实习生围着她,听她一一分析他们上课过程中的优缺点。葛老师时而神态严肃,时而欣喜微笑,实习生都恭恭敬敬地拿着笔记本认真做笔记。当时葛老师已经身怀六甲,这种场面很感人。几个月后,她指导的几名实习生的就业岗位都很理想。

在收获的季节里,我不断收到学生就业的喜讯:

"老师,我考上编制啦,现在正等待体检!"

"老师,我笔试第七名,面试后进入第四名,我考上正式编制了!"

"老师,我考上了正式编制!"

"老师,我成功上岸(即成功就业)了!"

我祝贺学生成功上岸,同时也在感慨:无人能够独自成功,我们的毕业生成功上岸的背后是无数人的默默服务和辛勤付出!

(2020 年 11 月 14 日)

对于金玲的进步，我不仅惊喜，还很惊讶：现在的年轻人悟性真好，一点就通！

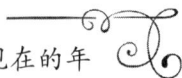

悟性真好，一点就通

昨天晚上，实习生范金玲发信息告诉我，她今天上午第四、五节课在附中初二（2）班上《愚公移山》一文，希望我去听她上课。今天上午，我在文传学院这边上完第一、二节课后赶去附中，刚好赶上金玲准备上课。

金玲今天身穿白色长袖衬衫和黑色裙子，戴着眼镜，看起来成熟了不少，她比较淡定，没有一般实习生上课之前的那种紧张，估计准备工作做得比较充分。

金玲上课的思路十分清晰，第四节课她安排了五个教学环节：①走进作者；②作品简介；③体裁介绍；④字词正音；⑤疏通文义。

前三个环节主要是金玲自己讲，我坐在后面替金玲着急："作者、作品、体裁的介绍，可以先让学生介绍，老师再补充，如果都让老师讲了，学生还有事干吗？"

因为主要是老师讲，学生活动少，课堂气氛比较沉闷，金玲自己也显得有点迷茫。

第四个环节，金玲终于让学生开口了，她让学生朗读。学生很认真地朗读了生字词，声音整齐而洪亮。这时我松了一口气，心想："这就对了！就应该让学生动起来。"

遗憾的是，到了第五个环节，金玲虽然把翻译的六字口诀"组、留、删、换、调、补"写在黑板上，但她并没有让学生尝试着用这六种方法去翻译课文，而是把重点词语的意思通过多媒体展示出来，之后多数句子的翻译还是由老师讲给学生听。

　　第四节课下课之后，我到走廊休息一会儿，准备继续听金玲接下来的第五课。这时，金玲小步向我跑来，着急地说："老师，这节课我上得不好，我自己都觉得好无聊！"由于着急，她的脸都涨红了。

　　我安慰她，第一次上课，能够这么淡定，教态这么自然，已经很不错了。站在她旁边的两位实习生也说金玲上课自然不紧张，她这才放下心来。

　　接着，我指出她上课的问题所在："这节课最主要的问题是你讲得太多了，你要让学生'动'起来才行。比如，课后的思考探究三要求翻译'甚矣，汝之不惠！'和'子子孙孙无穷匮也，而山不加增，何苦而不平？'这两个句子，你应该安排时间让学生动笔翻译一下，然后让他们说说是怎么翻译的，那样学生动脑、动手又动口了，课堂就不会沉闷，你也不会感到无聊了。"

　　认真地听我说完后，金玲表示："下节课我一定改变一下，我要努力让学生动起来！"这时的金玲语气是坚定的，神态是可爱的。

　　第五节课，金玲真的努力做出了改变，她提出问题后，先让学生思考，接着让学生讲一讲，然后她才进行点评和补充。有好几次，学生卡壳讲不下去了，停在那里，这时我很担心金玲会忍不住把答案说出来。好在金玲没有那样做，而是变换角度去启发学生深入思考并得出答案。

　　愚公要移山，他的妻子献疑曰："以君之力，曾不能损魁父之丘，如太行、王屋何？且焉置土石？"如何让学生理解这句话呢？金玲向学生提问："假设你是愚公的妻子，用现代人的话，这句话应该怎么说？"

　　一个男生站起来说："你是没有能力移走山的，如果你一定要这样做，我就和你离婚！"这位男生一说完，其他同学哄堂大笑起来。

　　在这大笑声中，金玲并不慌张，她启发学生：愚公的妻子说这番话时更多的是担忧，我们要把她那种担忧的心情表达出来。在金玲的启发下，有两位同学以愚公妻子的口吻说出了一番饱含担忧的话来。

　　金玲很棒！我只不过是在课间给她指点了一下，她在接下来的课堂教学中就能够根据我的建议作出改变。因为这些改变，她的课有了明显的进步。对于金玲的进步，我不仅惊喜，还很惊讶：现在的年轻人悟性真好，一点就通！

（2020 年 11 月 17 日）

读中文系的人，怎么能够不经常练笔呢？看到实习生为了做好简报，积极地写文章、改文章，我很高兴。

期待他们的下一个美篇

李晓梅是湛江市第十七小学实习小分队的队长。11 月 7 日那天，她发信息给我："老师，我们可以用美篇这个 App 做实习简报发给您吗？在美篇里插入图片、文字、背景音乐都很方便。"

"这个想法很好，当然可以！"

得到我的赞同，李晓梅和她的小伙伴们着手把他们的实习成果转进美篇。今天下午我收到晓梅他们用美篇做成的第二期实习简报。

打开美篇细细品赏，我发现，同学们编的这期简报无论是文章还是图片，都明显优于第一期。

据我所知，在做美篇的过程中他们已经反复修改了自己的文章，晓梅把简报发给我后还不放心："老师，您看看还有什么地方需要改进？"

我建议她修改几篇文章的题目，包括修改她写的《实习日志》一文的题目。晓梅在她的文章中写道："凡事总是开头难，回想第一次带一（4）班的学生去广场跳绳时的措手不及，再对比如今游刃有余地处理跳绳过程中发生的各种小事，真的能感受到我的成长。""看着学生一天天在进步，我觉得自己也在成长。"根据文章的内容，我建议晓梅把她的文章的题目《实习日志》改为《我也在成长》，晓梅综合我的意见，将其改为《一起成长》。《一起成长》这个题目非常切合文章内容，我立即给她点赞："《一起成长》这个题目改得好！"

晓梅他们在美篇中插入一首歌曲。我听后感觉美篇中的歌声高亢激越，成了影响阅读的噪音，建议晓梅改为纯音乐。晓梅和她的小伙伴们商量后怕歌声影响阅读，干脆把它删掉了。

为了使用美篇做好简报，同学们精益求精，改了又改。很快，一期代表他们最高水平的简报出现在我的眼前。

反复品味他们最新的实习成果，我深刻体会到一点：同样的实习成果，用美篇展示出来就是不一样！

是的，真的不一样！怎么可能一样呢？实习笔记只是笔记而已，连文章都还算不上；电子文档的实习简报有了文章，算得上"报"了，但毕竟还很粗糙；而用美篇做成的实习简报却是既有美文，又有美图。

笔记是给自己看的，可以随意一点，自己看懂即可；电子文档是交给老师看的，相对要认真一点；美篇是发到朋友圈的，所有好友都可以看到，所以要更加认真了。

实习成果是做成笔记，还是做成电子文档，抑或是做成图文并茂的美篇？定位不同，认真的程度就不同，同学们的收获也就不同。同学们做美篇最认真，收获也最大。他们在做美篇的过程中反复修改自己的文章，这对提高写作水平是很有帮助的。

在教学工作中，我发现一些读中文系的同学不经常练笔甚至很少练笔。读中文系的人，怎么能够不经常练笔呢？看到实习生为了做好简报，积极地写文章、改文章，我很高兴。

晓梅他们用美篇做成的实习简报分享出去后，短短的几个小时内点击量就超过 300 次。我想，做美篇也许会成为他们积极练笔的一个动力、一个起点。为此，我期待他们的下一个美篇。

（2020 年 11 月 22 日）

在回家的路上，我的脑海里浮现出一张张青春洋溢、朝气蓬勃的脸庞，回想同学们今天的良好表现，我想起了一句现在很流行的话："'后浪'来了!"

"后浪"来了

实习生刘畅在岭南师范学院附中实习，几天前，她发信息给我："李老师，晚上好! 下周一第二节我上语文课，诚邀李老师您到初二（8）班予以赐教。谢谢老师!"我回复她："好的，如果没有什么特别的任务，我会去的。"

昨天，我再次收到刘畅的邀请："李老师，下午好! 明天早上八点半，我在初二（8）班欢迎您的到来! 谢谢李老师!"

生怕自己忘记了今天要听课这事，我特别启用了手机提醒功能。

今天我到初二（8）班时，发现教室最后一排已经坐满了实习生。我觉得有点奇怪：今天怎么会有这么多同学来听课?

刘畅这节课上的是诗歌，前半节课讲陶渊明的《饮酒》，后半节课讲杜甫的《春望》。刘畅这节课上得很流畅，上课之前应该是做足了功夫的。

刘畅的课虽有缺点，却更有亮点。

她能根据诗歌的特点来进行教学，重视朗读教学。朗读形式多样，有集体朗读，也有个别朗读。学生读完，针对学生朗读存在的问题，她做了具体的指导，指导学生在朗读过程中可以根据诗意划出节拍，读出节奏。为了让学生读出感情，她还专门做了范读。

她善于通过提问启发学生思考，进而把握诗歌的意境和主旨。比如，学《饮酒》一诗时，她提问："为什么陶渊明写'悠然见南山'而不写'悠然望南山'呢?"学《春望》一诗时，她提问："在'感时花溅泪，恨别鸟惊心'这两句中，诗人为什么要用'花''鸟'这两个意象，而不是用'草''木'等其他意象呢？"

她的教学形式灵活不呆板，能够有效地激发学生的学习兴趣。比如，她让学生发挥想象，把陶渊明的《饮酒》改写为记叙文。在这个环节中，学生都动了起来，进入了积极的学习状态。又如，一般的教学都是把写作背景放在课文教学的开头部分，但刘畅在教授《春望》时没有在一开始就介绍写作背景，而是在学生理解内容、主旨有困难时再及时插进背景介绍。这样灵活的教学形式收到很好的效果。

刘畅很有亲和力。上课过程中，她始终面带笑容。学生回答问题出现卡壳时，她会走近学生，用温和的语言耐心启发他们。在她的启发下，学生的紧张情绪消除了，难题自然迎刃而解。

我一边听课，一边观察刘畅上课的一招一式，心里很是佩服这位"后浪"：年纪轻轻，刚上讲台，怎么就能做得这么好呢！

课后，我本来只是想在走廊和刘畅简单讲一讲她的课就行了。没想到，她要找一个安静的地方认真地听我评课。附中临时的隔离点刚好没人，我们便去那里评课。同去的还有唐雪婷、邱妙金两位同学。

我把刘畅上课的亮点一一告诉她。我刚讲完亮点，她马上问："老师，我的课存在什么问题？您给我讲讲。"

"前半部分上得很好，后半节课讲《春望》时，应该是时间不够，显得仓促了一点，诗歌主旨和写作特色等方面的内容，学生都没有时间思考，你就很快把答案告诉了学生。"我说。

"如果再次上这个课，我应该怎样处理呢？"

"一些基础性的知识，学生可以自学掌握，你可以让他们课前预习，上课时用较少的时间提问检查一下就可以了，这样就可以把节省下来的时间用来引导学生突破重点和难点。"

在评课的过程中，刘畅很认真地听讲，并做好记录，雪婷和妙金两位同学也是这样。

不知不觉我们讲了将近一个小时。我觉得时间差不多了，就讲几句总结性的话准备结束。这时坐在我身旁的雪婷说："我也讲几句吧。"

雪婷认为刘畅后半部分的课师生互动少了一点，应该让学生多参与。

雪婷说完后，刘畅对妙金说："妙金，你也说说吧。"

"我觉得上课时 PPT 放得太快了，学生都没来得及做笔记就播放下一张了。有些知识学生是要记下来回去消化的，不能播放得这么快。"妙金说。

两位同学的意见都很中肯，刘畅都一一记了下来。

最后我说："今天听课的人不少。大家互相听课、互相学习，这很好！"

"我一共邀请了 10 位同学来听课，就是想听听大家的意见。"刘畅说。

一开始我只是打算像平时一样听听课，然后和上课的实习生说一说优缺点，没想到，后来的听课评课居然有了一点教研的味道！

在回家的路上，我的脑海里浮现出一张张青春洋溢、朝气蓬勃的脸庞，回想同学们今天的良好表现，我想起了一句现在很流行的话："'后浪'来了！"

（2020 年 12 月 14 日）

看到她的课件的一瞬间，我就对她产生了好感。我想，她的课应该上得不错吧。

心生好感

2017 级学生的实习进入收尾阶段，我开始收集他们的实习资料。

我先在自己的电脑上建起命名为"2017 级实习资料"的文件夹，然后又在这个文件夹里为自己带的 74 名实习生每人建起一个小的文件夹，准备把每个人的实习资料分别放进他们各自的文件夹保存好。接着我让同学们把上课的教案、课件和上课视频通过 QQ 或微信发给我。今天我开始把同学们的实习资料存放进电脑，但在存放资料的过程中有点烦。为什么呢？是同学们提交的资料不齐全吗？不是，同学们提交的资料都很齐全，教案、课件、上课视频、自我鉴定，一样都不少，但是相当一部分同学在发资料给我的时候，没有把自己的名字写上，他们的教案、课件和上课视频的封面上只写了课文题目《愚公移山》《白杨礼赞》或《青山不老》等，一旦没有了微信或 QQ 的备注提示，我就不知道是谁的资料了。这些资料的封面上没有名字，打开文件后，内文也没有名字，我只好一个一个帮他们写上，我一边写，一边在心里说："这么重要的资料，怎么能不写上自己的名字呢？"

我发现林意琪同学做得比较好，她的教案、课件和上课视频都写上了自己的名字，而且她的课件备注得尤其清晰明确。

我打开林意琪同学的课件后，看到第一页的左上角是"五年级语文上册"，中间是"《我的'长生果'》"，右下方这样写着：

授课人：林意琪

授课班级：五（6）班

授课日期：2020 年 12 月 17 日

一看到林意琪课件的第一页，我就对她心生好感，觉得她做事认真，注意细节。

我马上把林意琪同学课件的第一页截图，发到"李雅老师实习队"的群里，接着还发了一条信息："林意琪同学的课件打开之后，基本信息写得清清楚楚，这样别人看了就能一目了然，对制作课件的人就有比较深刻的印象。"

我与意琪并不熟悉，她在外地实习，到目前为止，我与她的交流只限于电话、微信和QQ。可是，看到她的课件的一瞬间，我就对她产生了好感。我想，她的课应该上得不错吧。

接着我看了意琪的上课视频。《我的"长生果"》这一课，意琪果真上得很不错！

（2020 年 12 月 18 日）

我被邹晨的教学吸引住了，她的教学视频我连看了两遍。

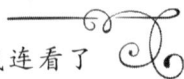

被吸引住了

实习生邹晨在华南师范大学附属顺德北滘学校实习。因该校路途遥远，我又忙于其他教学工作，没有办法到现场听她讲课，只能通过她发来的上课视频了解其教学情况。

今天，我看了邹晨在一（2）班上《项链》一课的教学视频。我被邹晨的教学吸引住了，她的教学视频我连看了两遍。

邹晨上的这节课可圈可点，亮点不少，有三点特别突出。

一、为学生创设一个轻松愉快的学习环境

在听课的过程中，我发现邹晨是一位温和亲切、有耐心的老师。

看得出来，她对学生很熟悉，能够随口叫出他们的名字。她与这个班的小学生关系很和谐。看图听朗读的时候，一个男孩子做小动作，她朝这个男孩子笑了笑，这个男孩子马上坐好认真听读；另一个男孩子不看黑板，扭头看后面，她笑着用手指一指屏幕，这个男孩子马上看着屏幕的图片听读。一个同学站起来回答问题的时候，有些同学争抢回答，这时，邹晨用手放在嘴边"嘘"的一声示意大家先让正在回答问题的同学把话说完，同学们马上安静下来。学生朗读、回答问题的时候，表现好的，邹晨会表扬他们："很好！""你真棒，声音真大！""回答得很好！"学生朗读有障碍，读得不顺畅的时候，邹晨会耐心等待，还会和这个学生一起朗读。在这样轻松的环境中学习，学生是愉快的、放松的。他们做好了，老师会表扬他们；即使他们做得不好，老师也不会批

评。正因为如此，学生在学习的过程中，表现得很活跃，他们敢读、敢说，甚至敢提问、敢质疑。教学过程中，一个学生指出老师把"yíng（迎）"读成"yín"了，这个学生还大声把"迎"字读了一遍。还有一个学生提出来："老师，图片中的脚印不像是小娃娃走出来的，像是他们挖出来的。"这些一年级的小学生之所以敢读、敢说、敢质疑，是因为他们有一位温和亲切的邹老师。

二、根据认知规律开展教学

这节课邹晨是根据认知规律，由易到难、由浅入深、由扶到放开展教学的。比如，在组织学生朗读的时候，她都是先让学生自由试读，然后让学生举手，再从中选择学生朗读。在要求学生有感情朗读之前，老师会先进行范读。再比如，在复述课文的教学环节中，邹晨先展示出与课文相关的图片，然后让学生看着图片与老师一起完成复述：

师：大海——
生：蓝蓝的，又宽又远。
师：沙滩——
生：黄黄的，又长又软。
师：雪白雪白的浪花——
生：哗哗地笑着，涌向沙滩。
师：悄悄——
生：撒下小小的海螺和贝壳。

三、抓住了语文课程的本质

语文是一门学习语言文字运用的综合性、实践性课程。不管是哪个年级，在语文教学中都要组织学生学习语言文字的运用。邹晨在上《项链》这一课时，能够紧紧抓住语文课程的本质开展教学，在各个环节的教学中始终把教学重点放在引导学生"学习语言文字运用"上。

课文第一段的开头两句是："大海，蓝蓝的，又宽又远。沙滩，黄黄的，又长又软。"邹晨在教学这一段时，组织学生练习用"又……又……"的句式造句。她在屏幕上展示出一幅图，图中有一个苹果、一个西瓜和一棵树。在邹晨的引导下，学生争抢着用"又……又……"的句式来说出他们心中的答案：苹果——"又红又甜""又红又硬"；西瓜——"又大又甜""又绿又圆"；树——"又高又大""又绿又大"……

在学生熟悉全文后，邹晨又组织学生根据图片的提示说一说"金色的（　　）""雪白的（　　）""快活的（　　）"。学生争先恐后，抢着回答，说出很多很好的答案：金色的麦穗、金色的沙滩、金色的油菜花；雪白的羽毛、雪白的云朵、雪白的棉花、雪白的面粉；快活的小鸟、快活的小鱼、快活的小朋友……

这节课中，邹晨还设计了"说话"这么一个教学环节。她引导学生模仿"我用……穿成一串……的项链，送给……"的句式说一句话。为了降低难度，邹晨先做了示范："我用水果穿成一串彩色的项链，送给我的妈妈。"在邹晨的引导和鼓励之下，很多学生能够用这个句式说出一句流畅的话来。

邹晨这堂课上得真好！我被吸引住了，这个班的学生显然也被吸引住了，整堂课中学生的学习积极性都很高。低年级的教学能做到这样是非常不容易的！

为邹晨点赞！

（2020 年 12 月 25 日）

失败是成功之母。同学们记下失败，其实就是记下了"成功之母"。

记下"成功之母"

实习指导中最难做的工作，不是回答和解决同学们在实习中遇到的各种各样的问题，也不是坐在电脑前一边观看同学们的上课视频，一边记下他们上课的优缺点，最难做的工作，是在自己所带的几十个实习生中评出优秀实习生来！

优秀评给谁呢？他们每个人都有着各自的精彩，不评给谁都难！但是即使再难也要在规定的时间里提交优秀实习生的名单。

为了做好实习生评优工作，我想了一些方法，让同学们写自我鉴定就是其中的一种方法。

我强调，实习自我鉴定是评优的一个依据，每个同学都要认真写好自我鉴定，要重点写写自己的亮点。

最近几天，我陆续收到同学们发来的实习自我鉴定。我发现，他们每个人都有各自的优点，也有敢于直面自身不足的勇气。

大家都明白，实习结束后，他们将面临严峻的就业挑战。几乎每一位同学都想获得优秀实习生的荣誉，为自己接下来的就业加分。即便如此，很多同学仍然在实习自我鉴定中勇敢直面自己的不足，记下了令自己印象深刻的失败。

每每读到同学们这些直面失败、记录失败、反思失败的文字，我都心生感动。感动之余，我摘录下其中一些令我印象深刻的文字。

李瑜：在实习过程中，我发现了自身在教学工作上的不足。比如我对讲课的时间控制得不够好，语速过快，这对三年级的学生而言，可能会不适应，很难消化教学内容。提问后应给学生充分的思考时间，这一点我做得很不够，往往问题一说，就要学生举手回答，而且我的语速、教学的进程都比较快。在班主任工作方面，我对学生还是不够耐心，面对调皮的孩子，我有时会进行言语上的训斥，没有动之以情、晓之以理，达不到春风化雨般的感化效果。今后我仍需要注意这方面的问题，要多请教有经验的班主任，多看一些有助于班级管理的书籍。

蓝雯敏： 在整个实习过程中，我发现了自身在教学工作上的不足：课堂上过于紧张，多次提出无效问题，时间把握不当，教学过程和教学环节出现一些疏漏的地方，给学生造成理解上的困难。所以，作为一名师范生，我还需要不断努力。

陈欣怡： 我在教学过程中，时间把握不当，不能在有限的时间内完成教学任务，教学过程和教学环节也有些许疏漏的地方，这些不足和缺陷都是我需要反思和改进的。

周思凡： 我的课堂还存在着一些不足之处。比如，在一开始授课时语速过快，导致课堂节奏紧张，没有留出足够的时间给学生消化吸收；在刚刚开展班主任工作时，我一直保持一板一眼的姿态，不够亲近学生，虽然有意关心学生的学习和生活，但方式不够亲和，导致与学生的距离过远。

戚可： 在实习过程中，我发现自己有许多的不足，仍要多加锻炼。与学生相处过程中没有适时地树立起教师的威信，导致有时在课堂教学过程中整顿纪律的效果不明显，日常班主任工作落实不及时、不到位；讲课声音不够洪亮，有时不能应对课堂中的突发事件，上课节奏容易被打乱，课堂也不够活跃，缺乏师生之间的互动，等等，这些都是我今后在教学中要改进的。

失败是成功之母。同学们记下失败，其实就是记下了"成功之母"。直面失败，记录失败，反思失败，成功的曙光就在前面等待着他们！

（2020 年 12 月 29 日）

刚刚下课的何靖回复我："站好最后一班岗。"看着她的信息，我为她感到自豪。

为站好最后一班岗的实习生们点赞！

站好最后一班岗

今天，2017 级的实习终于要结束了！我松了一口气：实习一结束，学生安全回校或回家，我就不用那么牵挂了。

我想，今天上午同学们在实习学校应该是没有什么事情，他们可以返校了。严格地说，实习直到下午才结束，但说实话，我希望他们上午就把所有的事情都安排好，早早回来我才好放心。

上午只有少数的一些同学在群里接龙，说自己已经结束实习回到学校，这与我的期望有很大的距离。

下午三点十一分，在群里接龙告知结束实习返校的同学还不到三分之一。怎么回事呢？我有点着急了，赶紧在群里"@所有人"："请同学们尽快在群里接龙，写明自己现在在哪里。"我还让队长、组长们跟踪落实同学们都到哪里去了。但是很奇怪，今天好些队长、组长都没有及时回应我。

在我的印象中，实习是比较辛苦的事情，实习生应该一结束就想早早回校，可是今天的情况有点出乎我的意料，他们迟迟没有返校。

我实在忍不住了，通过微信了解到底是怎么一回事。

下午三点半，我催促在第十七中学实习的几位同学："实习结束后，请到实习大群中接龙。"第十七中学的实习组长陈野回复我："老师，我们的工作还没有结束，我们现在还在第十七中学。"陈野告诉我，学生正在搞欢送会欢送他们。在第十七中学的实习小组群里，她们在欢呼："开心！""开心！"

下午三点四十一分，我打电话找第十七小学的实习队长李晓梅，她没接到电话。我通过微信问在第十七小学实习的何靖："何靖，你现在在哪？"

"老师，我在第十七小学。"

"你们还没有结束实习吗？"

"我下午还有一节课，所以我就过来了。"

下午三点四十八分，我问爱周高中实习队长叶子柏："回来了吗？"

"没有，我们宿舍的同学明天才回去。"

"为什么呢？"

"这两天实习收尾，工作太忙，没时间收拾东西。我们还要把办公室和宿舍的卫生搞好了再离开。"

下午四点十八分，第十七小学的实习队长李晓梅告诉我："老师，您打电话给我的时候，我正在上下午的第一节课，评讲试卷。"

知道他们在实习学校干什么之后，我不再焦虑地催促他们早早回来，而是给他们送去点赞。得到我的点赞，刚刚下课的何靖回复我："站好最后一班岗。"看着她的信息，我为她感到自豪。

为站好最后一班岗的实习生们点赞！

（2020 年 12 月 31 日）

> 莫卓凡是一位有爱心的老师，他的课堂是充满爱的课堂。

莫卓凡的课堂

实习生莫卓凡在中山四沙小学实习，他的指导老师梁玉珍几次夸他表现得很不错。今天，观看了莫卓凡给小学四年级学生上《出塞》一课的教学视频，我发现他果真很不错。

特别的掌声

莫卓凡上这节课的过程中，课堂多次响起掌声。一位学生朗读完，卓凡说："来，我们给他一些掌声。"其他一些学生回答完问题后，卓凡同样会让全班同学为他们鼓掌。现在中小学提倡老师多多鼓励学生，这样的掌声，我在其他老师的课堂同样可以听到。但是，下面的掌声，我还是第一次听到。

学生初步熟悉《出塞》所写的内容之后，卓凡让他们集体有感情地朗读一遍这首诗。学生读得很好，这时卓凡高兴地对学生说："同学们朗读得很有感情，节奏把握得很准，请大家鼓掌给自己一些鼓励。"让学生为自己鼓掌，这是一种很特别的做法。特别的做法、特别的掌声，让我耳目一新。

俯身倾听

俯身倾听，是卓凡这节课做得比较多的动作。在学生阅读的过程中，遇到不懂的问题举手向老师请教，每次卓凡都是走过去俯身倾听学生的提问和回答学生的问题。在回答老师提问的时候，有的学生声音比较小，这时，卓凡没有站在讲台上对学生说"大声一点"，而是走到学生的身旁，俯下身去，侧耳倾听学生的回答。

蹲下交流

视频看到差不多一半时，我转身拿水喝。再看视频时，我发现刚刚还在给学生上课的卓凡不见了，我感到很奇怪，仔细一看视频，原来他正蹲在前排一个学生的旁边与他交流！此后，卓凡还两次蹲下，与他的学生进行交流。

从教学视频中可以看出，卓凡对他的学生是喜爱的，对语文教学是热爱的。

莫卓凡是一位有爱心的老师，他的课堂是充满爱的课堂。

（2021 年 1 月 3 日）

不对指导老师说感谢，我们缺少足够的理由。要对指导老师说感谢，我们却有很多的理由。

你说感谢了吗？

实习结束后，我通过电话、微信向一些实习学校的老师和领导了解实习生在实习期间的表现。这些实习学校的老师和领导高度评价了实习生的表现，对他们的工作态度、工作热情和工作能力给予了充分的肯定，同时也指出实习生的一些不足之处。有一所学校的领导特别强调说："这批实习生总体上是相当不错的，但有不少实习生离开时没有和他们的指导老师说一声'谢谢'，这令老师们很郁闷。"

了解到这个情况后，我也有点郁闷！实习生到实习学校实习，得到方便、受到指导，同时也给实习学校和指导老师增添了不少麻烦，按理说，实习结束时，感谢一下实习学校的老师是应该的，相信同学们也应该懂得这个道理。

为什么一些同学没有和指导老师说感谢的话呢？

是走得太匆忙，来不及说吗？现在大家都有手机，感谢的话不一定要当面说，在回来的路上用微信说也是可以的。返校之后回想起还没和指导老师说感谢，发一条信息，写几句感谢的话也是暖心的。

是实习期间与指导老师因工作方面的事情产生不快，不愿意说感谢的话吗？我想，这样的可能性不大。同学们已经不是小孩子，而是成年人了，即使工作中有不同的看法和做法，也应该能够理性看待，而不至于把不快留在心里，更不至于因此不愿对指导老师说感谢。

那是什么原因导致有些同学没有和指导老师说感谢的话呢？

是因为指导老师打分低？因为自己心情不好？因为自己没有说感谢的习惯？

不管是哪一种，似乎都不能成为同学们不说感谢的理由。

不对指导老师说感谢，我们缺少足够的理由。要对指导老师说感谢，我们却有很多的理由。

感谢指导老师的示范，感谢指导老师的点评，感谢指导老师的纠正，感谢指导老师的温和，感谢指导老师的严格，甚至要感谢指导老师不近人情的严厉……

亲爱的同学，你对实习学校的指导老师说感谢了吗？如果你还欠指导老师一声"谢谢"，现在说还不晚，请动动手指，把你的感谢发出去。

（2021 年 1 月 4 日）

成功不会从天而降。一节好课的背后，也许没有上课老师过人的天资，但一定会有上课老师过人的努力！

一节好课的背后

每次发现实习生上好了一节课，我都很高兴。高兴之余，我总要了解一下他们能把课上好的原因。

邹晨给一年级小学生上《项链》一课，从各个方面来看，都是一节好课。在观看她的教学视频时，我惊喜连连。我一边看她上课，一边想：作为一名实习生，初上讲台，邹晨为什么能把课上得这么好呢？看完她的教学视频后，我抑制不住兴奋的心情，马上给她打电话，了解她上这节课之前做了哪些准备。我问她："上这节课之前，指导老师听过你试讲吗？"邹晨告诉我，她的指导老师是一位很有经验的老师，上这节课之前，指导老师曾听她试讲过，并给了她很多很好的指导意见。邹晨还告诉我，试讲之后，她还根据指导老师的意见反复磨课和演练，直到自己有把握上好课为止。

除了指导老师的悉心指导，以及她自己反复磨课和演练，邹晨在备课过程中有没有什么特别的地方呢？一个实习生的上课语言如此干净流畅，教学安排一环紧扣一环，衔接得如此自然，她是如何做到的呢？

前几天，我让同学们把自己实习期间上得最好的那一节课的教案和课件发给我。当我阅读完邹晨上《项链》一课的教案后，终于找到了问题的答案——她把自己在上课过程中所讲的每一句话，所安排的每一个细小的步骤都写进了教案里！下面是她设计的一个教学环节：

朗读感悟，欣赏美丽的海景

（1）课文一共有几个自然段呢？我们先来看第一自然段，谁能告

诉我这一段一共有几句话？（点名回答，追问为什么有三句话）

（2）先来看第一句，谁来读一读？（点名读，提醒学生注意逗号的停顿）这句话写的是什么？"大海，蓝蓝的，又宽又远。"（教师范读，学生跟读）我们还可以边读边伸手比画，感受一下大海有多大。原来大海是这个样子的，那谁能跟老师讲一讲你见过的大海是什么样子的？（学生自由回答）

（3）第一句写了大海，第二句又写了什么呢？（出示第二句话）你能不能也注意逗号的停顿，把它读正确、读通顺呢？（指名读、齐读）你见过的沙滩是什么样的呢？谁能说一说？（学生自由回答）

（4）再看第三句话。仔细听，沙滩上传来谁的声音？（播放海浪声）是浪花的声音！（展示浪花的贴图）看！浪花来了。这句话很长，而且生字特别多，自己先来练一练。（①学生自由练习；②点名读，重点指导读准字音，注意停顿）这个词语里有两个生字（出示"笑着"），谁来拼读一下？大家一起读！让这个词跑到你的小脸上，"笑着"来读读。我们都爱笑，浪花也爱笑，那"哗哗"的声音就是它的笑声，让我们也学学海浪高兴时的笑声。（学生自由读，老师出示"哗哗地笑着"）谁来读一读？（点名读、齐读）多么欢快的浪花啊，你们喜欢它吗？我们比赛读读这句话，看看谁读的浪花更加可爱！（学生比赛读）

提交上来的几十份教案，大都写得比较概括，教学过程往往只有步骤以及几个问题和答案，没有哪个同学的教案写得像邹晨的教案这么具体详细。

看了邹晨的教案，我想，也许邹晨并没有过人的天资，她能把课上得那么好，最重要的原因也许是她把教案写得具体详细，并下苦功夫背熟。

七年级上册《猫》这篇课文，实习生黎晓恩上得也很好，学生的学习积极性很高，教学目标在教学过程中得到很好的落实。为什么黎晓恩能把课上得那么好呢？我们来看看她的实习总结：

　　我在七年级（6）班和（7）班任教，在还没站上讲台前，我做了大量的准备工作。首先，我花了四天的时间认识每一位学生，并在班主任的帮助下了解学情。其次，我认真备课，先写好详细教案并进行多次修改，随后与实习学校的青年老师进行交流，听取他们的建议后再次修改，最后交给语文学科的指导老师把关。接下来，我带着写好的教案，在无人的教室进行试讲，不断磨课。在做了以上准备工作后，我带着底气站上讲台，顺利完成了教学任务。

　　成功不会从天而降。一节好课的背后，也许没有上课老师过人的天资，但一定会有上课老师过人的努力！

（2021 年 1 月 7 日）